毎日がしんどい、生きづらい人の

こころのトリセツ。

元建設屋のガテン系カウンセラー　やまもとひろあき

Clover
クローバー出版

まえがき

俺は元々、建設屋のオヤジ。その辺に居るただの「がさつなオヤジ」。

家族にも、友人にも、良くない接し方をして生きてきた。

それが自分と子どもの問題に直面して、足掻《あが》いて、勉強して——やっとこさ理解した「心」の【理論】と【扱い方】。

この本ではそれを、ざっくばらんに喋《しゃべ》ってる。カタカナの心理学用語も少なくするし、俺の普段の喋り方でいくよ。

人によっては、「ずいぶんと荒っぽい」「変な本だなぁ」って思うだろうな。

確かに、人に語りかけるのだから「綺麗な言葉、丁寧な言葉を使う」って常識だもんね。

でもさ——言葉って、心が乗っかっていなければ伝わらないやろ?

逆に、心が乗っかっていれば、怒ったりしても、むしろ親愛の情は伝わるもんだ。

「『自分らしく生きなさい』と伝える人が、自分らしくない文章で書く」

――それって、ウソになるじゃないか？

俺にとっての「自分らしい言葉」って、これなんだ。


だから、君が普通の自己啓発や心理学の本のようなものを期待してるなら、ちょっと、合わないかもしれない。

逆に、「これが自分の求めていた本だ！」ってドンピシャな人もいるだろうな。


だから、君が変わりたいと望むなら、ぜひ最初だけでも読んでみてほしい。

――だって、君もその一人かもしれないからさ。

こころのトリセツ。　目次

プロローグ

PART1 「心」を知る ～自分の中にあるもの

PART2 「心」を扱う 〜自己コントロールの仕方

エピローグ

プロローグ

◆建設屋の「がさつなオヤジ」が、カウンセラーになった理由

全ての始まりは「娘」。
娘は俺の命より大切な存在。
自分がどうなろうと守る、と俺は心に決めている。
なのに、その大切な娘が中学1年生の夏の終わり、壊れちまった……。
夏休み明けから、娘は学校に行けなくなったんだ。

俺はただの建設屋のオヤジで、医者でもなんでもない。

なにもできない……娘ひとり助けてやれない無力感に襲われた。

はっきり言って俺は「親バカ」だ。心の底から娘を愛している。


神を相当恨んだよ。

娘に与えた試練？　そんなの、なんの意味があるんだ？

なんの試練だか知らねぇけど、やるなら俺にやれってんだ！　娘がなにをしたんだ？　俺を殺すなら殺してもらっても構わない。だから娘だけはやめてくれ……。

恨んだところでなにも変わらないのは百も承知だ。だけど、怒りの矛先を神に向けるしかなかった。

「汚ねぇよ！　神よ！　実体があるなら勝負してやるのによ！」

「土下座でもすりゃいいのか？　そうしたら娘を助けてくれるのかい？」

いくらそんなことをしても娘は元の状態には戻らない……。

やがて俺は思い始めた。俺には霊感と呼ばれるようなものも、なんもない。信仰心のかけらも持っていない。そんな自分が神を恨んでも無駄なんだろう。現実をしっかり見ないとなにひとつ変わらない。娘の笑顔を取り戻すことはできない。共に笑うこともできない……神がどうこうなんて言ってる暇があるなら——と、自分でやれることを探しまくった。

俺の心にはいつも「今のままじゃダメだ！」という想いがあった。でも「変わる」って口にするのは簡単だけど、こんなにも難しいことだとは思いもしなかった……。

しかし、

「自分の命より大切な娘を守らないといけない。これしか俺にはない」

そう覚悟し、決意した。そして俺の人生のストーリーが変わった。

世の中には、いろんな方法論がある。それこそ書店に行けば、雨後の筍《たけのこ》のようにたくさん並んでる。

俺は無論、学者でも心理学を専門に教える人間でもない。でも、娘のために我武者《がむしゃ》羅《ら》になって学んできて気づいたことがたくさんある。

カウンセリングを本業にするにあたっては周囲のみんなから反対された。

「おまえバカじゃないの⁉」「どうやって生活していくんだよ！」「あえて今の仕事を辞めなくたってできるんじゃねぇの？」などなど。

常識で考えたら、みんなの言葉は至極当然だろう。

そんなこと、一番俺がわかってるさ。

だけど、今までの仕事を辞めて起業した。まさに背水の陣。

でも、一つだけ断言できる。退路を断ったからこそ、どんなカウンセラーより命がけでやっている。カウンセリングのためのカウンセリングじゃなく、目の前にいる子どものために、大人のために。

◆両親から受け継いだ長所と短所を、いかに改良し繋いでいくか

どうして建設屋のオヤジがカウンセラーになったのか？

その話をするために、もう少しだけ俺と娘のことを説明させてほしい。

まずは俺自身のこと。

小学校2年生になったばかりの4月。親父が突然死んだ。脳溢血《のういっけつ》だった。それからの俺は、母と兄との母子家庭で育った。

死んだ親父は、飴と鞭《むち》の両極端な、自分勝手で不器用な人間だった。親父の機嫌ひとつでひっぱたかれたり蹴られたりしたし、襟首《えりくび》掴まれてぶん投げられたりもした。並みではない大酒呑み。だけど基本は親バカで子煩悩な優しい親父だった。

母は普段はとても楽しい人で、芯は真面目。何事にも一生懸命の頑張り屋。とても心配性なところがあった。元々は専業主婦だったけど、親父が死んだ後はパートなどをして育ててくれた。

兄弟でいろいろ心配かけたし、自分のことを後回しにしてしまう性格で自律神経を

壊したりもしていた。いつでも味方でいてくれて、俺たち兄弟のことを信じてくれていた、とても愛のある母だ。

俺はというと、元々子ども好き。学生時代に抱いていた将来の夢は保父さんだった。だけど勉強は嫌いだし遊びに夢中で、その夢はいつしか捨てちまっていた。

家に帰ったり帰らなかったりしていた思春期の頃、母から言われた大切な言葉がある。

「ひろは、私がなにを言っても自分の考えを曲げないよね。それはいいとこと悪いとこがあるんだよ。あんたがどこでなにをしているのかわからないけど、お母さんはひろを信じてるから。あとは自分で考えなさい」

約30年前に言われたのに、昨日のことのように思い出せる大切な言葉。思春期の俺の心にも響いていた。だけど返した言葉は、「うるせぇな！　わかったわかった。ほっとけ！」と反抗的だった……。

でも、この言葉があったからこそ、そこまでブレずにいられて今の俺が成り立っているといっても過言じゃない。だから、本当に母には心から感謝している。

そんな母も膠原《こうげん》病という難病を10年以上患い、２０１６年秋に旅立った。


俺の子育ては、親父と母のを融合させたようなもんだった。良い面も良くない面も受け継いでいる。酒は付き合い程度に呑むくらいだけど、短気で自分勝手。思い通りにならないことに怒りをぶつける親父のような子育て7割、母のような優しい愛を注ぎ込む子育て3割を娘にしてきた。

死んだ親父の根性論、幼少期や学生時代の経験、大人になってからの建設業の環境などがベースになり自分を構築していた。これが、娘が壊れちまう前に本気で向き合ってきたつもりだった俺。

――そう、向き合ってきたつもりだったんだ。


娘が壊れたのは神様のせいなんかじゃなく、俺のせい。

神様、恨んじまって悪かった。申し訳ない。

……そんな思いが、自然と頭に浮かんだ。

◆俺はなにを間違え、なにを学んだか

娘は、なぜ壊れてしまったのか？

別段、なにかインパクトのある出来事があったわけじゃない。普段の生活におけるストレスの蓄積、娘自身の性格、思考や価値観……そういったことが、原因となってたんだ。

こんなふうに説明してみれば簡単な話に聞こえる。でもそれは「後知恵」だ。

俺だって必死で学んできたからわかるだけで、当時はなにもわかっちゃいなかった。

娘が壊れちまった原因の多くは俺にあった。たとえば、泣いていれば「泣くな」「みっともない」「根性が足りない」……と、男の子に対するような昔ながらの根性論で育てていた。だから娘は幼稚園に入園する頃には男の子のようになっていた。

そして、この頃からの夫婦仲の問題。娘が幼稚園に入園してから、幼稚園の行事ごとに率先して参加する自分と、参加しない孤高の考えの元嫁。その価値観の違いから言い争いが始まり、徐々にすれ違い、そして不仲になっていった。

娘が生まれ、元々子ども好きだから娘しか見えなくなってしまった俺にも問題があり、すれ違いに拍車をかけた。娘を産んでくれたことに感謝してはいたが、俺がいけなかったこともたくさんあって、夫婦の間は冷えきっていった。

そんな親の子育てが、娘にとって良い環境であるわけがない。

そして、娘はさまざまな要因からのストレスによって、中学1年生の夏休み明けから体調不良を訴え、学校に行けなくなった……。

はじめは、ただの体調不良だと思っていた。過去の自分と重ね、「サボりたいからそうしているんだろう」とも。

何日か学校を休み、そこで様子がいつもの風邪のようなものとは違うことに気づいた。そして、内科、婦人科、総合病院へと一緒に巡る。血液、脳波、CT、MRI、心臓など検査をしても正常。「心因性」という診断がくだり、心療内科にも。

しかし、どこに行っても娘の体調は戻らない。なにも変わらない……。数か月経ち、娘自身、心療内科に行くことに対して「意味もわからないし、無駄だ」と言う……。


「――自分が勉強するしかない」

俺はそう思い、心理学を独学で学び始めた。

俺はそれまで、真面目に勉強をしたことがない、活字嫌いで本すら読んだこともない、そんな男だった。

だからこそひたすら勉強した。昼間は建設業、夜は深夜まで血眼《ちまなこ》になって本を読んだりネットで調べたりという毎日。

しかしやがて、それだけでは技術も知識も全然足りないことが明白になってきた。

そこで、「資格が欲しいから」ではなく、純粋により深い技術と知識が欲しくて学校に通い始めた。仕事をセーブしながら、心理学を学ぶために。娘を救うために。

こうして心理学を学び始めると、俺が持っている性格の傾向性で、俺がやってきた子育てがどれだけ娘を傷つけてきたのかが明確になっていった。知れば知るほど苦しく感じた。

いいかげんなことばかりしてきた過去。娘だけでなく、どれだけの人を傷つけて生きてきたか……。自分を責めに責めまくった。それはとても苦しかった……。

それは俺の人生の大転換だった。「この苦しみを周りに悟られないように」と普通を装っていたのが、自分自身にとって物凄くキツかった……。

その一方で、心理学はそういう俺を助けてもくれた。今の自分を認め、受け入れる方法を学んだことで、身の回りの出来事やその捉え方などが変わり、うまく自分を保つことができたんだ。

◆娘と本気で向き合った日の「一生忘れられない言葉」

ある程度は自分を保つことができるようになってから、娘と話す場を設けた。

2時間くらいだったと思う。初めて真面目な話をして、悪かったことを涙しながら本気で謝った。

「本当にごめん……今のお前の症状も全部、全部俺のせいだ……俺がお前を、追い詰めてたんだ……」

そして、最後に娘は目を潤ませながらこう言った。

「とーちゃんの言いたいことはわかったからさ、もう真面目な話はしないでよ。いつものバカっぽいとーちゃんがいいんだよね」って笑いながら言った……。


その言葉が何よりもの救いだった。これは俺にとって、一生忘れることのできない言葉になっている。

元々、娘とは仲が良く、二人で出掛けたりはしゃいで遊ぶことも多い。世の中の親子と比べても円満な関係性を築いていた方だろう。

雑な子育てをしていた時期であっても、思春期の頃に母から言われた、「信じる」ことの大切さ、「信じる」ことから生まれる行動、経験が活かされていたんだと思う。

だから、俺が自分勝手に怒る場合にも、娘とは「とーちゃんはこういう男だけど、自分を見放すことはないんだ」という信頼関係が結ばれていたんだ。

それは知らない間にそういう種を撒《ま》いてくれていた母のおかげ。もうあの世にいるから聞こえないかもしれないけれど、大声で言いたい。「本気で感謝してるよ！」と。

そして、この出来事によって娘も俺のことをより理解してくれるようになった。今はお互い、いい距離感を保っていられる。

「俺自身が変わったから認めてくれ」ということではなく、娘がおのずと、俺が変わったことを認めてくれた。そのおかげで、今の笑顔が存在しているのだと思う。

今でも、親ならではの心配は腐るほどある。こういう「母性」は母親独自のものだと、かつては思っていたが、男にだって内在しているんだ。そして愛があるからこそ、今だって心配がなくなることなんて1ミリもない。

ある意味、娘は俺より大人だ。俺が思春期の頃にできなかったことを、娘は今しているからね。どこに出しても恥ずかしくない、自慢の娘だ。

娘も母同様、尊敬に値する。だから、心配はあろうと母が俺にしてくれたように、見守り信じることができている。

立場上は俺が親だ。けれど、人生の師匠は娘なのかもしれない。

◆有限の時間の中で、一人ひとりが果たすべき「使命」とは

俺は離婚し、シングルファーザー。娘の希望を尊重して、元嫁ではなく俺と生活している。

ある時、「俺を選んだのは金に苦労しないからだろ？」って、ふと聞いたことがある。すると娘には「はぁ？　金なんかじゃねぇし！　あってもなくてもとーちゃんがいいだけだから」と本気で怒られた。

俺は20歳で建設業に携わり、娘が生まれると同時に独立した。そのまま続けるのが、普通の選択肢だったろう。

けれど一念発起し、22年間続けた建設業を引退。全く違う職種――心理カウンセラーとなった。２０１８年12月、「株式会社つきのあかり」を設立。「カウンセリングルームつきのあかり」を立ち上げた。立ち上げの時の周りの反対は先に書いた通り。

娘のために心理学を学ぶ間に、さまざまな事例や不登校児童者数などの数値化されたデータを目の当たりにした――その時、「俺にできることがある！」と、なにかに導かれるように本能がググッと突き動かされ、心が動き出した。

そう。40歳過ぎにして本当にやりたいことがはっきりと見えたんだ。

人生の時間は有限。

今までも「俺の人生とは？」「俺の生きる意味は？」「俺の価値は？」「今からできることはなんだろう？」って考えていたよ。

そして、理屈なんかじゃない、「子どもも大人も笑顔にしたい！」って想いが俺の心を突き動かしたんだ。

人を傷つけながら人生の半分を使ってきていた。笑顔の逆をやってきた。

「だから、これからは人のために生きよう！」って決めただけ。

口にするだけなら簡単だけど、夢やロマンを語ってるだけの格好悪い生き方はしたくない。今までも口にしたことは全部やってきたんだからな。

いきなり職替えなんて、はたから見たらバカげた無謀なチャレンジかもしれん。だけど、のんびり準備なんかしてたら人生の時間が少なくなっちまうじゃないか。そもそも、スタートが遅かった分、子どもや大人を笑顔に戻せる絶対数が少なくなってる。

俺には俺の人生のストーリーがある。誰に批判されようが俺の信念は変わらない。儲かる、儲からない、こうすれば上手くいくとか、ビジネスの王道なんて知ったこっちゃない。

俺は「子どもたちに笑顔を。そして、大人たちにも笑顔を」と心の奥底から想っている。だから、王道のような安全な道をゆっくりと歩んでなんかいられない。

建設屋との二足のわらじでも良かったのかもしれない。けれど、中途半端は性に合わない。それに、心が落ちてしまっているクライエントに、俺は真剣に接したいし失礼な対応はしたくない。娘と同じように、真正面から受けとめ、心友《しんゆう》になり、「愛」という心の贈り物をしたい。

これは40歳過ぎて覚悟を決めた俺の使命だ。だから本気度が違うと自負している。

俺はただ、君の「これから」を一緒に探したい。

PART 1

「心」を知る

～自分の中にあるもの～

ほんの少し「心を知ること」で、
新しい自分を見つけ
人生が変わり歩み出す。
たとえ、
今の君が立ち止まっていたとしても。

過去があっての今。そして「これから」

俺は、娘の体調不良がきっかけで心理学を学ぶようになった。

それによって、自分がしてきたそれまでの子育てがどれだけいいかげんで自分勝手だったのかを知った。心がめげて自分をキツく責めていた時もあった。

俺は決して強い心の持ち主じゃないよ。むしろ元々弱い部分が多かったところに「今までどういう子育てをしてきたんだ……」「娘を傷つけていたのは俺だ……」と罪悪感に呑み込まれ、ものすごく苦しかった。

自分自身の思考・性格・子育て・人間関係など、なにもかも間違いだらけだったんだ。

だから、心理学を学んでからしばらくの間は、自分を否定し鋭い槍《やり》を自分に向けて攻撃しているような状態だった。

「なぜ俺はこんな苦しいものを勉強してんだろう？」とも思った。

言うまでもなく、これらの間違いに気づかせ救ってくれたのも心理学だ。そして、今まで娘にとって好ましくない子育てをしてきたからこそ、その正反対の姿として、「好ましい人間関係の理論」が見えてきた。

別の表現をすると、**失敗という道を歩み、つまずいたからこそ正しい道がわかった。**

今までの出来事や物事が好ましくなかったにしても、「それは『過去』であって変えられないいんだ」と、改めて感じる。

この経験から「人生の問題に直面した時、絶対にやってはいけないことがある」と伝えたい。もし君に当てはまっていたらやめてほしい。

それは「自分を責める」ことだ。

どんなに自分をキツく責めてもマイナスしか生まれない。だから自分にとっても、誰にとっても、1ミリもいいことはないんだ。

自分を責めているクライエントに、俺はこう言う。

「経験者からの忠告。今すぐ自分を責めることはやめようよ。お願い。これだけでもやめられたら生きやすくなるからさ」

「過去に蓋《ふた》をするのではなく、それを認めて受け入れ『これから』をゆっくり歩めばいいんだよ。君がかつての俺のように、今自分を責めているとしたら間違っているよ」


夜空に優しく照っている満月のように、「自分」は存在している。

月は満ち欠けを繰り返す。見えなくなる時もある。

けれど、たとえ見えなくなっても、満月は存在してるんだ。

今、君は「自分」が見えづらくなっているだけなんだ。

未来に不安や恐怖を感じるように、過去には不満や後悔を感じるもんだ。これらが迷いや悩みの根本的な種なんじゃないかな。

不安や恐怖を肯定し過ぎているかもしれんが、**「自分」というものを持ってコントロールできれば、迷いや悩みを乗り越えていくことができる。**そう俺は言い切れる。

だから、今の自分をしっかりと見つめ直すことが大事なんだ。

今の自分に欠けているもの、足りていないものが見えてくると、「ああしたらよかった……、あんなことしなければよかった……」なんて、変えることのできない後悔が見え隠れしてくるかもしれん。

後悔の念が心を覆うと自分を強く責め続けてしまい、心は落としっぱなしになってキツい。もちろん、好ましくなかったことに関して、反省すべきことはしっかり反省しよう。

「後悔」じゃなく「反省」をするんだよ。反省したことで「これからこうしていこう」が見えてくる。そうしたら、反省することはお終《しま》いにしてさ、そこで見えてきた「これから」をゆっくりやっていけばいいんだから。過去に生きてちゃダメなんだ。

たとえ今、自分を責めていたとしても、これから始めたら大丈夫だから。

人生が上手くいかない理由

「人生が上手くいかない」と悩む人は多い。この本を手にとっている君も、そういう悩みがゼロじゃないんだろう。

こうした悩みは、「自分を知る」「自分をコントロールする」ことができていないのが理由だ。

君は育児や子育て、親、パートナー、友人、仕事関係とそれぞれのシチュエーションで「自分」を我慢させている。もしくは、自分に対する「自信」が欠けてるんじゃないかな。

君は「思考、感情、言葉、行動」が同じ方向に向いていないんだよ。つまり考えていること、感じていること、発している言葉、実際にしている行動の足並みが揃っていないんだ。

自分の中で矛盾が起きているってこと。

なぜそうなっているか――ここでひとつ話していこう。

それは「インナーチャイルド」と「インナーペアレント」ってもののバランスが、コントロールできていないからなんだよ。

「インナーチャイルド」とは、自分の心の中にある内なる子ども。

「インナーペアレント」とは、自分の心の中にある内なる親。

どんな人の心の中にも、この二人が存在している。

幼少期からの経験の中で、この二つの《仮想人格》を作り上げてるんだ。

この二つが、自身にどのような影響を与えているか？　それを理解することが、

「より良いこれから」に繋がる。

インナーチャイルドとインナーペアレント。この二つの仮想の存在は、親※との関係性の中で生まれる。

どんな人でも、生まれた時は「家族」という小さなコミュニティしか知らない。当然、正解も不正解もその中にしかないよね。

だから、**幼少期における親との何気ないコミュニケーションから影響を受けて知らず知らずのうちに性格が形成される。そして思い込み、信念となり価値観になる。**

その影響は大きく、成長し、大人になってもその性格を持ち続け人生を歩んでいくものなんだ。

※この本で「親」と表現している部分には、全て、児童養護施設などの親代わり的存在、養育者を含んでいます。

葛藤の原因となる「思い込み」が生まれる理由

まず前提知識として、子どもの言動に直結する心理についての話をするよ。

人間は0歳〜3歳頃までに、「○○してはならない」というふうに、無意識下で自分を抑え込む禁止事項が形成される。これはいわば、心のブレーキ。

そして、3歳頃〜6歳頃にかけては「○○しなければならない」と、無意識下で自分を駆り立て追い立てる心理があり、成人後にも自分を急《せ》き立てる「思い込み・価値観・制限」となるんだ。これは、心のアクセルと言えるだろう。

だけど困ったことに、これらの**「○○してはならない」と、「○○しなければならない」は、実生活ではよく矛盾する。**

この二つが競合し衝突すると、非常に苦しい「心の葛藤」が起きる。自動車のブレーキとアクセルの両方を、交互にすばやく思いっきり踏んだ状態を想像してみてごらん。

「してはならない」（ブレーキ）と「しなければならない」（アクセル）が互いに引っ張り合い、「してはならない《ブレーキ》」。けど「しなければならない《アクセル》」。でも「してはならない《ブレーキ》」。でもやっぱり「しなければならない《アクセル》」……、と両方を行き来して、どっちもどっちになってものすごく大きなストレスになる。

「わかっているけど、できない」「こうなりたいけど、こうなれない」「変わりたいけど、変われない」といった葛藤で苦しくなる。自分の中での不協和音みたいな感じで気持ちが悪い。

でも、「この自分の心の葛藤が何なのか？」を知り、気づくことで、少しずつ思い込みや価値観、制限は変わっていく。信念を書き換えてストレスを減らすことで、すっと生きやすくすることはできる。

だから、ここで思い込みや価値観が生まれる過程について話していこう。

生まれてきた子どもは、心になにも描かれていない真っ白な《スケッチブック》を持っているようなもの。そのスケッチブックには、濃かったり薄かったりするさまざまな《色》が描き込まれていく。

この濃淡さまざまな色とは、親の価値観や性格、思考パターン。子どもは一人では生きていけない。愛されたくて、嫌われたくない。だから善悪の区別もなくスケッチブックに色付けし、描いていく。

それが心に固定化され「思い込み」や「価値観」、「制限」となり、アクション（言動）になっていくんだ。

じゃあ、どういう親からのメッセージで、どういう思い込み（色付け）がなされるのか？　いくつか例を挙げて説明するよ。

◉親から「ちゃんとしなさい」「失敗しないようにやりなさい」というニュアンスのメッセージで言い聞かされていると、子どもは愛されるために「しっかりしなければならない」と色付けし、アクション（言動）をとるようになる。そうすると、失敗というものに恐怖や不安を抱いてしまう。

◉親から「弱音を吐いたらいけない。我慢しなさい」というニュアンスのメッセージで言い聞かされていると、子どもは愛されるために「辛くても怖くても泣いたりしてはダメ！　我慢してでも強いところを見せなければならない」と色付けし、アクション（言動）をとるようになる。すると、本心は混乱していても、グッと我慢し、あたかも平気であるように見せて無理をしてしまう。

◉親から「努力して頑張りなさい。一生懸命頑張りなさい」というニュアンスのメッセージで言い聞かされていると、子どもは愛されるために「辛くても苦しくても頑張る自分でいなければならない」と色付けし、アクション（言動）をとるようになる。これにより、少しでも手を抜くことはできず、身体に鞭を打って無理をして体調を崩してまでも頑張ってしまう。

◉親から「人に喜ばれるようなことをしなさい」「人に感謝されるようになりなさい」というニュアンスのメッセージで言い聞かされていると、子どもは愛されるために「自分を犠牲にしてでも相手に喜んでもらわないとならない」と色付けし、アクション（言動）をとるようになる。これによって、自分を大切にせず他人を優先し過ぎることになる。

◉親から「早くやりなさい」「急いで」「だらだらしない」というニュアンスのメッセージで言い聞かされていると、子どもは愛されるために「キツくても苦しくても急いでやらなければならない」と色付けし、アクション（言動）をとるようになる。そうすると、焦り過ぎてミスをしたり、他人を急かすことも多くある。

――いくつか、自分や周囲の人に当てはまる部分が思いつくんじゃないのかな？

内なる子ども、内なる親と向き合おう

「内なる子ども《インナーチャイルド》」と「内なる親《インナーペアレント》」について、ここでしっかり説明していく。

インナーチャイルドとは、《未完了の感情》。「嬉しい」「楽しい」と感じ、「褒められたい」「認められたい」と望む自分。単純に言えば**《本音》や《感情》**だ。

インナーペアレントとは、《自分の親の分身》。自分自身に対して命令やダメ出しをする自分で、単純に言えば**《理性》**に該当する。

この二つは誰の心の中にもあり、無くしてしまうことはできない。ただし、インナーペアレントにはインナーチャイルドを責める性質があるため、それが強くなり過ぎないように、バランスをとっていく必要があるんだ。

よく、「インナーチャイルドを癒しましょう」と言われる。だけどそれだけでは、またインナーペアレントに責められて、傷ついてしまう。だから、**インナーペアレントがインナーチャイルドを責める構造・仕組み自体を変えないと、何度でも再発してしまう。この二つは、セットで考えなきゃダメなんだ。**

幼少期に承認欲求が満たされず、否定や批判をされて育った場合に、インナーチャイルドの影響力は強くなる。

子どもに対する親の言葉や態度の中には「○○してはならない」「○○しなければならない」という矛盾がある。完璧な人間なんていないから、矛盾をゼロにすることはできない。

そういった矛盾があると、「満たされていない」と感じるが、それがなぜなのかはわからないまま、違和感が残る。その「未完了の感情」が、インナーチャイルドとして固定化されていくんだよ。

幼少期の親とのコミュニケーションは、言語的なものだけじゃない。声の調子や態度、仕草、ニュアンスなどといった「言語的・非言語的を含めた総合的なコミュニケーション」が含まれている（これについては、ＰＡＲＴ２の１４０ページで詳しく解説する）。

「言葉と態度が一致していない」なんていうことは、誰にだってあるさ。

でも、幼児は感受性が強く、親に生命の存立を頼っている存在だから、それが大きなストレスになるんだ。

「《全面的に信頼すべき存在》である親の、言葉と態度が矛盾している」――という大きな圧力の中から、「してはいけないこと」「しなければいけないこと」を学んでいく。これが、「真っ白な心のスケッチブックに、親の価値観や思考パターンが、さまざまな『色』として描き込まれていく」ってこと。

もちろん、生きていく上で悪いことや必要のないことばかりじゃない。

むしろ、「善悪の区別なく、描き込まれていく」ことが問題と言えるだろう。

「思考や判断より深い次元で、君を方向づけている」ってことだからね。

そうして描かれた（影響を受けた）性格や価値観、思考パターンは、ものすごく心の深いところにある。それが大人になっても無意識のうちに君自身をコントロールして、結果として「生きづらく」なってしまっている。

「なるほど、そういうことがあるかもしれない」と思って、この先を読んでみて。

いくつかの例とともに見ていこう。ここでは、わかりやすいように、

●条件

▼プロセス

■結果

というように、記号を付けてみた。

●「あなたが居るから○○しないんだよ」「あなたが居なければ○○するんだけどね」と言われている場合。

▼それは「あなたが存在していなければ」と言われているようなもの。子ども自身

「自分さえ居なければ……」「自分のせいで……」と感じ取り、親から承認されない自分には価値は無いと色付けし、「存在意義」「存在否定」をスケッチブックに描いてしまう。

■この色付けが濃い場合（虐待も含む）、アイデンティティ（自分らしさ、自分とはなにか）の欠落、自傷行為や自殺願望、アルコールや薬物依存、おどおどする、「どうせ自分なんか」といった悲観的思考――などの傾向が表れる。

●「お兄ちゃん（お姉ちゃん）なんだから我慢しなさい」「しっかりしなさい」「ちゃんとしなさい」と言い聞かされている場合。

▼「子どもであってはならない」と捉え「しっかりしないと嫌われる」と、大人のように振る舞うことを色付けする。

■この色付けが濃い場合、感情を抑え、表に出さず理性で振る舞う、自分の素を出さない、人に気を使い過ぎる、皆とはしゃいだり騒いだりできず楽しめない、子どもっぽいことを嫌う・軽蔑する――などの傾向が表れる。

こういう子は「しっかりしないと」と思い、子どもっぽくできず、「おとなしい」「しっかりしている」ので褒められることが多い。そのこと自体、子どもにとっては心地よいので、この色付けは濃いものとなっていく。

●「あっちに行ってなさい」「静かにしなさい」「自分でやりなさい」と言い聞かされている場合。

▼子どもは、親の言っている意味や状況を理解できないため、親との距離を置かれているように感じ取り、心と体の距離感がわからなくなるという色付けをする。

■この色付けが濃い場合、本心が言えない・言わない、自分が我慢すればいいと思う、他者を疑い距離をとる、一人でなんとかしようとする、他者を信用できない――などの傾向が表れる。

これらはほんの一例だ。他にも例えば、親とふれ合う機会が少ないことも要因になる。親との距離を置かれたため、近づくことが迷惑と思い込んでしまっている。そのため人に近づくことができず、精神的にも肉体的にも人を知ることができないために人を信じることができなくなってしまう……。

このように、親の何気ない言動や言葉の足りなさ、言語・非言語不一致などで、知らないうちにさまざまな色付けをスケッチブックに描いている。

親は「愛している」という根本的な想いを、「言葉にするまでもない前提」だと思って接しているが、子どもはまだ能力的に理解しきれない。その想いまできちんと言葉にしていたら、抱きしめるなどの「愛」を与えていたら、綺麗な色合いでスケッチブックに描いていたことだろう。

その色付けは、濃淡さまざま。君の中でも、ある要素においては「薄い」、他の要素は「濃い」ということがあるだろう。

子どもは理解能力が発達途中で心がピュア。そして、特に「親に嫌われたくない」「自分を受け入れてほしい」と思っているため、プレッシャーに感じてしまい、「恐怖、不安、緊張、抵抗」を強く捉えてしまうんだ。

これらの禁制が強ければ強いほど、禁止されたことを「やらない」か「反抗、反発（悪い行動）」か、という両極端な行動をとるだろう。

それは、**親から言い聞かされた「禁止事項」自体が、君の中で「正当なルールであり、正義」、つまり「生きていく上で普通だ」という価値観になっているんだ。**

だから、知らず知らずのうちに生きづらくなってしまっていることがあるかもしれない。

一方で君が親なら、知らず知らずのうちに子どもに与えてしまって、子ども自身が生きづらくなっているかもしれない。

――そんな可能性について、まずは知っておこう。

インナーペアレントとの付き合い方

先に「心の中の信念を書き換えると、ストレスが減る」という話をしたね。そのために必要なのは、『自分の心の葛藤がなんなのか？』を知り、気づくこと」だとも。

その葛藤の源は、自分の中にいるインナーチャイルドと、インナーペアレントだ。

ということは、**自分自身のインナーチャイルドとインナーペアレントの傾向を理解していれば、コントロールできるようになる。**


でもさ、そうはいっても、どうしたらいいんだろうな？

心理学の世界では、「その書き換えをするには、《許す》ことが必要だ」とわかってきている。

その一つの方法が**「自分に許可を出す」**こと。

インナーペアレントは、自分が作り上げた親のコピー。だから、実際の親の性格傾向を引き継いでいる。親が否定的、批判的、悲観的だったり、過去ばかり気にする過去思考タイプだと、子どもはそれらを無意識に取り込んでしまう。

「ウチの親は立派だから関係ない」って思う人もいるかもしれない。でも、「立派な親の子どもである」っていう人生は、それはそれで大変だよね。

だからインナーペアレントって、歯に衣を着せぬもの言いをするとても厳しい奴で、寛容じゃない。自分の持っている感情を攻撃的に責め立てることもある。「自分で自分を責める」というのは、インナーペアレントがキツいからなんだよ。

じゃあ、このインナーペアレントをどうしたらいいのか？

——それは、インナーペアレントを「とことん優しい、君の理想的な親」にしていけばいいんだよ。

具体的な方法を説明するとね、たとえば君が重大なミスをしたとしよう。その時、自分自身に対して「なにやってるんだ」「本当にダメな奴だな」じゃなくて、自分が感じている感情をそのまま包み込むように優しく、悲しかったら「悲しいんだね」、悔しいのなら「悔しいんだね」と受容する。

「悲しいんだね。わかるよ。ミスをしたんだもんな。仕方ない」

「悔しいんだね。自分が許せない気持ちわかるよ」

というように共感するんだ。

つまり、**「自分の中の《厳しい親》を、《甘い親》に変えて、自己対話する」**っていうこと。

「甘くしたら、緩くなり過ぎてしまうんじゃないか？」って思うかもしれない。そうだとしたら君は元々、真面目で厳しいくらいに自分を扱っていたんだろう。でもちょうどいい塩梅《あんばい》になるから大丈夫。

行き過ぎてしまうくらい甘くなる前に、君は甘さを調整できると思う。なぜなら、

「甘くなり過ぎるかも?」って懸念するのは、君が根本的に真面目だからだ。そして――懸念するということは、インナーペアレントがそれだけキツいということなんだよ。

だから、「甘あま」くらいが、ちょうどいい塩梅なわけ。

自分で自分を褒めることもこれでできる。心も身体もヘトヘトで「疲れた〜」って口にするのではなく、「今日はあんなに大変だったけどよく頑張った!」「怒られたけどよく耐えた! えらいぞ!」と褒めて、そして、「今日もありがとう!」と感謝までできたら最高だね。

現実の親にインナーチャイルドを植え付けられていようと、自分の中で新たに君の理想的な親を創り、自身を育《はぐく》み直すことが好ましい。

ネガティブな要素を変に捻《ね》じ曲げずに素直に感じ、自分を否定せず甘やかすくらい受容し癒してあげようよ。

インナーペアレントを優しくさせ、自分を受け入れることが「自己受容」となり、自己肯定感、自己効力感、自信へと導いてくれるからさ。

それこそが、「自分に許可を出す」ために必要なこと。インナーペアレントを優しくさせることができると、「癒そう」なんて思わなくても、自然にインナーチャイルドは癒されてくるからさ。


「存在していいんだよ。私は大切な存在。今まで辛かったね」

「子どものように甘えてもいいんだよ。寂しかったね」

「頑張り過ぎだ。疲れたら休まないと身体を壊すよ。無理しなくていいんだよ」

「もう我慢しなくていいんだよ。そのままの弱いところを見せてもいいんだよ」

「そんなに急がなくても大丈夫だよ。マイペース、マイペース」

というように、自分に許可を出せるようにしていこう。


「自分の最大のパートナー」は自分。だから、人に優しくしたいのであれば、まずは自分に優しくしよう。自分を優しく扱うことで「自分を許す」ことに繋がる。

そしてその先の「相手を許す」ことに繋がるんよ。

なぜなら、自分の解放されていないものや欠けている部分に劣等感を感じたりしていると、相手と比較して持つ必要のないストレスを抱えてしまうからさ。

比べるなら他者とじゃなく、昨日の自分と比べなよ。今日という日を大切に扱って自分を創ってくんだ。

自分に優しくしないと、相手の欠けている部分ばっかり指摘してしまうもんだ。そんなことしてたら、自分も相手も笑顔からスーッと遠のいちゃうだろ？

自分のいいところを探してごらん。そして見つけたら素直に認める。それができると、相手にも同じことができる。褒めてあげて一緒に喜ぶことができたら、お互いにニコニコした笑顔になれる。笑顔の連鎖が起きるんだ。そして、ほんわかとした心地よい空間にもなる。

そう、相手を変えるんじゃなく、先に自分が変わりコントロールすることが大切なんだよ。

「ポジティブに考えろ！」の大きな間違い

物事は、どれも表裏一体。○と×、陰と陽、プラスとマイナスのように。

たとえば、人には喜怒哀楽って感情がある。
「喜」「楽」は、プラスのポジティブ感情。
「怒」「哀」は、マイナスのネガティブ感情。

喜怒哀楽の他に、さまざまな出来事に結び付く、気持ちの上がり下がりがある。
嬉しい、快い、安心、幸せなどが、ポジティブ感情。
悲しい、不快、不安、不幸などが、ネガティブ感情。

ネガティブを嫌う人が多いけれど、**「ネガティブがあるからこそ、ポジティブが存在する」**ってことを理解してほしいな。

プラスとマイナス、陰と陽は表裏一体。乾電池はプラスとマイナスが無いと電気が流れないし、夜がなければ昼もない。

つまり、「ネガティブは無くてはならないもの」であり、「ネガティブは必要」ってことなんよ。ここまでは、わかったかな？

もののたとえで、「どんなに雨が降っていても止まない雨はない。必ず晴れる」とか、「明けない夜はない。必ず朝は来る」って言うよね。

これらは、「今がどんなに辛く厳しくとも、いつかきっと事態は好転し、楽になる」という比喩だけれど、文章をそのままの意味で読めば、「自然現象」だよね。

その自然現象の描写では、雨・夜＝ネガティブ　晴れ・朝＝ポジティブということを指している。

そしてネガティブもポジティブも、自然に「感じる」ことは生きている証《あかし》であり、その人間の「感性」もまた、自然現象なんだ。**人間は、理性だけの存在じゃなく、怒りや悲しみの感情を本能的に持っているんだから。**

ちょっと空の雲を眺めてごらん。太陽を覆い隠すどんよりとした雲もあれば、霞のような薄い雲もある。雨を降らす雲もある。同じ形の雲はないもんだ。これが、迷いや悩みだ。

そして風にゆっくり流され、パァーッと晴れたりスーッと曇ったり、時にはザァーッと雨を降らす。空のように、晴れも曇りも雨もあるのが心。自然の摂理なんよ。

ネガティブを無理に捻じ曲げてポジティブにすることは、雨を無理やりピタリと止ませるようなことだから、自然の摂理に反している。

雨は雨として認めるように、ネガティブも、「今、感じているんだな」とそのまま受け入れることが自然だ、と俺は思う。

その自然であるネガティブを、まるで無かったかのように受け入れを拒むと、どうなる？　心の中にモヤモヤッと歪《ゆが》みが生じ、いっときポジティブに考えスパッと行動できたとしても、結果、ネガティブがまたにゅうっと顔を出し、元のネガティブに戻るという無限ループのようになって、余計にキツくなっちまうよ。

もし君が傘を持っていない時に突然雨が降ってきたら、そこに立ち止まって濡れるかもしれない、雨を気にせず歩くかもしれない。でもそれじゃビシャビシャになって風邪ひいちゃうやろ。ちゃんと雨宿りしなきゃダメなんだ。

雨宿りするんなら、一人で雨が止むのを待つんじゃなくて頼れる人の所で雨宿りさせてもらうんよ。その人はきっとタオルをすっと渡してくれるし、大変だったねって話もじっくり聞いてくれるさ。

そして、君の濡れた衣服を乾かしてくれている間に、あんなに降っていた雨も、気づいたらピタリと止んでるかもしれないから。

迷いや悩みは、今以上の自分を目指している証

そう言って「迷いや悩みを自分から望む」ってヤツは、マゾに見えるかもしれない。

でも実は、本当にそれらは**「今の自分から成長する糧《かて》になるもの」**で、しかも受け取り方によってさまざま違うもの。

同じ出来事や物事でも、ある人にとっては、悲しかったり苦しかったり。別の人にとっては、それほど感じていなかったりするもの。また、ある人は、学校や職場に行きたくないと思っていても、別の人にとっては、楽しい場だと思えるかもしれない。

迷いや悩みは、形のある「物」ではなく、目に見えない「もの」なんだよね。

だからこそ、その人その人の人間模様が見えてくる。

多くの人は、迷いや悩みを避けたいもの。心地よいものじゃないからね。ただ、迷いや悩みを持つことで学ぶべきものが多いことに気づいてほしい。

少し考えてみると、なにも問題なく順風満帆で上手く事が運ばれている時、人はホッとしていて安心安全を感じ、自分を見返すことをなかなかしないもんだ。「これでいい」「順調だな」と思ってしまい、結果、成長の度合いとしては少なくなってしまいがちなんだよね。

そして上手くいかなくなった時、ようやく環境や状況、自分自身をじっくり見つめ直す。

つまり、**迷いや悩みは自分を見つめ直す良いきっかけとなる**。

自分になにが欠けていたのか、なにが足りていなかったのか、じっくりと自問自答して考える。そして、考えている間に「こうしたらいいのか」「こうすればいいのか」などのやるべきことを思い付く。それをすっと行動に移すことで、問題を乗り越えて、経験となり、学び、自分自身がグンと成長するんよ。

たとえば、子育てで君が頭を抱えて悩んでいたとしたら、「子どものために」と想い、身を粉《こ》にして一生懸命子育てをしていることだろう。

あなたのためにこうしてきた。こう想ってやってきた。溢れるほどたくさんの愛情を注いできている。

ただ、そこに優しさの不協和音が生じてしまうことで上手くいかないことがある。

なぜなら、子どもには子どもの意思があって、その優しさをどう受けとめているのか、どう感じているのかわからないからだ。

勉強や遊び、物事の結果、進路や学歴、将来に対しての考え方など、親の期待や意見ばかりで子ども自身は自由がないと感じていたとしたら……親の一方的な価値観の押し付けだとしたら……君はどう考えるだろう。

「子どものための愛情」と思っていたのが、実は自分自身が安心したいがための行動だったんじゃないだろうか。表面的に子どもの問題だと思っていても、子どもの行動の意図を見ていくと、「本当は子どもに問題があるのではなく、自分に問題があったのかもしれない」って自分を見つめ直すことが必要だ。

なぜなら、子どもは親をよく見ている。親がビックリするくらいにね。昔の人は「子は親の鏡」と言ったけど、本当にその通りだからね。

これは親子関係だけじゃない。パートナーや友達、職場の人との関係にしても、自分を見つめ直し冷静に物事を捉えることが必要なんだよ。

迷いや悩みは、「その時その時の果たすべき課題」。その課題に不必要なものはない。今の自分以上になるための課題。その課題をこなしていく間に自分自身は成長していくものなんだ。

確かに、自分と向き合うことはとても辛く苦しいことだろう……でも、課題をそのままにしていると、もっとキツくなる。トンネルの出口が真っ暗で見えないように感じてしまうことを、俺は自分の体験から知っている。

１００％の正解も不正解もない。だから、わからなくなる……。だから、どうしていいのか迷い、悩む……。

１００％の正解があれば、それをすればいいだけだけど、ありっこない正解を求めても出てきやしない。

心理学を知っている俺でも、迷いや悩みはその都度グッと押し寄せてくる。ずっと避けたいが避けられないものばかりさ。心がポキンと折れる時も、カッとなり怒鳴ってしまう時もある。さっと逃げたくなることだってある。決して俺も、強い訳じゃないからね。

人生のステージに応じた課題が君を待っている

悩みの内容は人生のステージに合わせて変わってくる。10代の頃は10代の迷いや悩み、20代の頃は20代の、30代なら30代の、その時その時の迷いや悩みは違ってくるものなんだ。

思い返してみて。子どもの頃の迷いや悩みと、大人になってからの迷いや悩みは違うよね。たとえば、中学・高校の頃に成績や進路なんかで迷い、悩んだりしたんじゃないだろうか？　でも、20代ではそんなことで悩まない。20代の頃の迷いや悩みは30代、40代では悩まず、別の迷いや悩みになっていることだろう。

今の歳になって、子どもの頃の迷いや悩み、20代の頃の迷いや悩みを見返した時、「そんなこともあったなぁ〜」って、懐かしく思うこともあるんじゃないかな？

乗り越えてきたことで、今では笑い話になったり、いい思い出になったりしてることもあるんじゃないかな？

子育てだと、子どもが幼少期なら幼少期の問題、保育園や幼稚園ならではの問題に頭を悩ませる。小学校、中学校、高校、大学とそれぞれの問題があって、勉強や恋愛などさまざまな迷いや悩みがあり、その一つひとつの課題を子どもと一緒に乗り越えていく。それによって子どもも親も学び、成長する。

また俺自身の話になるが、娘は体調を崩し、中学1年生の夏休み明けから学校に行けなくなった。

そのことがきっかけとなり、それまで以上に娘を知ろうと必死に努力し、よりコミュニケーションをとるようになった。

たくさん話すことで自分が想っていることや考えていることの娘とのギャップに気づき、理解もでき、娘自身も俺の想いをわかってくれた。娘には悪いけど、お互いにわかり合うための、いいきっかけになった。

お互いがそれぞれの立場に立ち、本音でぶつかり理解し合え、尊重し合えるいい関係性を構築できた。そして今に至っている。

学校に行く・行かないの問題ではなく、親と子どもの問題を乗り越えたことでお互いに成長した。だから決して悪いことばかりじゃなかった、と今は思えている。

人は誰しも、生きていると自分の思い通りにならない出来事や物事が起き、迷い悩むことだろう。

しかし、その時その時で逃げずに向き合い、他人《ひと》のせいにせず、みっともなかろうと惨めに見られようと愚直なまでに、今置かれている環境や状況をしっかりと見据え、自分はなにを問われているのか、なにを見つめ直すきっかけなのか考える。

そして100％の正解じゃないにしろ、自分の本音の心を信じ行動に移す――ということが大切なんだと思う。

答えが見えず怖いこともあるだろう。
未来に不安や恐怖を感じることもあるだろう。
ただ、行動しない限り、なにも変わらない。一歩一歩、勇気を振り絞って行動してほしい。死ぬか生きるかのような勇気はいらない。ほんの少しの勇気が君を変えるんだ。

「行動しない」ということこそ、一番のリスクなんだ。

未来に不安や恐怖を感じビクビクするのではなく、ワクワクするような未来があると信じて。

今の迷いや悩みには必ず終わりがある。自分をコントロールすることで「迷い」や「悩み」は「課題」となる。それらは、必ず乗り越えられる。

そして、何年か後には「あんなことあったね」って、必ず笑える日が来るって信じよう。

誰しも迷いや悩みは避けたいと思うものだけど、人生の中では必要不可欠なものでもある。どんなに避けても確実に起きて――そして今の自分をより成長させるきっかけとなる。

そこから君は、なにを学んで成長するだろうか？
乗り越えたときに見えるキラキラと輝く明るい景色を想像してごらんよ。
どんなふうになっているのかな？

「幸せ」と「本当の幸せ」

ここで俺の考える「幸せ」と「本当の幸せ」の話をしよう。

「幸せ」とは、お金や物、成績や業績といった望んだ結果を得られた時に感じる満足や安心。

たとえば、金銭欲や物欲。お金や物を手に入れることで安心や満足を得て「幸せ」を感じることだろう。

あるいは、成績や業績で達成感や優越感などを味わい「幸せ」を感じる。

ただ、これらは自分の中ではなく外側の影響で感じるもんなんよ。

つまり、幸せとは「外から心を左右されており、それらが得られないことによって失いやすいもの」とも言える。

お金はどれだけあっても「もっともっと」と思うし、物は次から次へと求めるのが人間の心。成績や業績だって良いものを維持したり、もっともっと上を目指したくなり、どれも際限なく求め続けていくことでどっと疲れちまう。

そして**「本当の幸せ」とは、心の奥底から満ち足りて、安心であって、満足できている心であり、人に対して感じる心。**

それは、君にとってかけがえのないとても大切な人が対象。

その人に対し「愛」を与え、与えられることで「本当の幸せ」を感じるものだ、と俺は考えている。

なぜなら——綺麗事かもしれないけれど、お金や物、成績や業績が欠けていたとしても、その大切な人を笑顔にするために一生懸命に頑張れたり努力できたり、前向きになれるから。そして、孤独や寂しさの心の穴を埋めることができるから。

つまり、孤独を感じない限り、どんな困難も揺るぎない心で乗り越えることができるから。そう、俺は想ってる。

愛とは、互いに与え合うもの

あらゆる人間関係において、**なによりも大切な心は「愛」だ**。大切な人に「愛」が無ければ「本当の幸せ」は得られない。

じゃあ、そもそも「愛」って、なんだろう？

若者はよく、時には冗談まじりで、「愛が欲しい」と言う。それがどこかズレた発言だと理解しながら。そう、彼らの直感の通り、求めるだけでは愛に辿り着けない。「愛」とは、先に与えるもの。そして、お互いに与え合って分かち合い、初めて成立する。

「求めている」のに「与える」……この二つは矛盾して聞こえるだろうか？

いや、両者が「まず、受け取ろう」と考えたら、「与え合う関係」は成立しない。互いに「まず、与えよう」と思うから、「互いに与え合う」ことになるんだ。

つまり、**愛は与えるから返ってくるもので、求めているだけでは成立しないし、与えるだけでも成立しない**——ということを、理解しなきゃいけない。

「愛」にはいろいろな要素がある。

1「思いやり」 純粋に心から出てくる親切心。気遣い。
2「信頼」 無条件に信じて頼ること。
3「受容」 そのままを受け入れること。
4「承認」 そのままを認めること。
5「理解」 人の気持ち、考えの意味を知り悟ること。
6「尊敬」 素晴らしい、偉い、立派だと敬うこと。
7「尊重」 尊いものとして大切に想い扱うこと。

8「感謝」　労《ねぎら》い、ありがとうの気持ちを表すこと。
9「笑顔」　本当の幸せを表現する表情。

君は大切な人にこれらの要素を全て与えているだろうか。これら全部をお互いに与え合う……っていうのは、正に理想だけどね。

人の感情はその都度動くもので、100％完璧にはできない。君の機嫌が良くて安定していたとしても、出来事によってこれら9つの要素のどれかが欠けてしまうことがある。

人は誰しも100％完璧じゃない。

だから、これらを意識して補っていけばいいんだ。

人間は一人では生きていけない生き物で、孤独に耐えられない生き物。皆、寂しがり屋なんよ。

だから、この「愛の要素」を与えてくれる人がいることで、心は安定するんだ。

君にとってその与えてくれる人は、親かもしれんし、パートナー、子ども、友人、仲間や同僚なのかもしれん。自分のことをわかってくれて、自分の本音で話せる人。簡単に言うと君の理解者。

君の周りに100人の人が居たとして、99人がどんなに否定的だとしても、たったひとりでも自分を理解してくれる人がいたら、どれだけ心は救われるだろう。そして、どれだけ勇気が湧いて生きやすくなるだろうか。

理解者が居る人は、心が強くいられる。なにかしら出来事や物事で心がドンと落ちても立ち直るのが早い。

逆に、本当の自分を出せない環境、つまり理解者が居ないと、心がストンと落ちやすいものなんだ。

これはイメージじゃなく、揺るぎない「法則」。

愛するために、まず自分を大切にする言葉掛け

愛を伝えるのは、難しい？　今更恥ずかしいなんて思ってないよね？

君の中にそれを邪魔しているプライドがあるのなら、そんなちっぽけなプライドはどこかにポイッと捨てちゃえよ。

君はなにを守ろうとしてるの？　愚直になりなよ。

格好つけても、見透かされるだけだよ。

プライドなんか、保たなきゃいけない場面でだけ使えばいいんだからさ。

自分がどんなに格好悪かろうと、自分の本心を飾ることなく素直に言ったり、そういう自分になれたりする方が、守るものもないし、気にするものもない。どれだけ心がふわっと楽なのかわかると思うよ。

「ありがとう」「ごめん」「愛している」なんかを素直に言葉にして言うことは、かなり重要なんだよ。

ただ、そういっても上手くいかないことってのはある。それはなんでか？

それは、**自分に向けての愛の要素を使えてないからだよ**。

じゃあどうすればいいのか。

それは――**「自分を大切に想う」こと**。

言葉にしてみると簡単だけど、結構奥は深い。

具体的に言うと、愛の全ての要素に「私は私を」と付け加える。つまり、「私は私を思いやる」「私は私を信じる」というように心掛けてやればいい。

自分が自分を大切にしないのに他者を大切に扱えるわけがないんだよ。

他者にばかり愛を与えたって、自分を大切にできていないと、つい比較してしまい、態度や評価が厳しくなったり、落胆したり……時には怒りの感情になってしまう。だから、人間関係が上手くいかなくなるんだな。

よく言われる「自分のことを好きになる」という言葉が、これを指すのかもしれない。だけど、好きも嫌いも裏表一体。だからたとえ嫌いな部分があってもいい。形的に自分のことが大切に想えるようになればOKって俺は考えている。**本当の幸せに辿り着くには、自分自身にも相手にも愛の要素を与え、大切にすることが大事なんだ。**

心理学では**「他人と過去は変えられない」**という言葉がある。「よく言われる言葉だから、聞き飽きたよ」と思う人もいるんじゃないな。でもこの言葉には続きがある。**「自分と未来は変えられる」**ってね。

この言葉の解釈はいろいろあるけど、俺の解釈としては「自分が変わることで、他人の心も変わるかもしれない」だ。

相手が変わるか変わらないかは、相手の意思で決めることだから「かも」なんだ。

相手を変えようとしても、容易に変わってくれるもんじゃない。**「愛」を持って**

「目配り・気配り・心配り」をしていくことが大事。で、そうすると変わってくれる可能性がグンと上がるものなんだよ。

人は急には変われない。君も、相手もね。
だから、あせらずゆっくり意識してやっていこう。
焦って急いだところで1ミリもいいことなんてないからね。
本当の幸せは、急いでいたら見逃しちゃうからな。

そのままを受け入れる心「受容」

人と人との関わりにおいて必要なのは、「受容」と「承認」。

ここではまず、「受容」について話していこう。

まず**「受容」と一言で言っても、自分に対しての「自己受容」、他者に対しての「他者受容」という二つがある。**

自己受容とは「今のそのままの感情をそのまま見つめ、自分の心の声を聴き、そのままの自分をそのまま受け入れること」。簡単に言うと「自分の今ある存在をそのまま受け入れること」。


娘のことで悩んでいた当時の俺は、娘に対する罪悪感が心を支配し、ネガティブな感情が強く、変なプライドもあり表向きにはポジティブを装っていただけで、ポジティブに考えるなんてできなかった。

そんな日々が続く中で学び続けたからこそ、俺は「受容」の大切さを知った。

今どんなに這いつくばっていようが、過去がどんなに惨めだろうが、「格好悪い自分が、今の自分」と受け入れられたことから、心がすっと楽になった。そういう経験もあり、俺は「自分の今ある存在をそのまま受け入れること」「できない自分をそのまま受け入れること」が「自己受容」だ――と考えている。

たとえ今、自分を責めていたとしてもそれが自分だし、どんなに弱い心だったとしても自分だよね。ある意味、「そんな自分でもいいじゃん！」ってドンと開き直るくらい受け入れられたら、心はグッと楽になれるよ。

今は、「好きな自分」「嫌いではないけど好きでもない自分」「過去の嫌いな自分」が俺の中に存在している。「好きな自分」だけでは成り立ってない。

考え方を少し変えると、『過去の嫌いな自分』も自分の中に存在しているからこそ、今の自分が存在する」ということになる。

それはつまり、**「どんな自分であろうと価値がある」**ってこと。それが**自分を見つめ直す基準**にもなった。そのことで救われた自分、変われた自分がいるんだ。

ということは、今、君が見つめている「その嫌いな自分」も、「今、必要な自分」ってことなんだよね。

ネガティブはネガティブに、ポジティブはポジティブに——素直に受け入れることが自己受容の第一歩。

どのような感情にしても、今の自分に必要なことなんだよ。

なぜなら、「こうしたい」「こうなりたい」という願望が目的となって自己肯定感の基準となり、自分の成長への糧となるからだよ。

「悲しい」と感じたら、「悲しいんだ」と。

「不安」と感じたら「不安なんだ」と。

変に捻じ曲げず、そのまま自分の感情に対して「自己対話」をし、受容的な言葉をささやきかけ、習慣化することで自己受容はできてくる。

自己受容ができてくると、自分らしく生きることができる。たとえば、ネガティブに左右されなくなる。周りの影響（評価）に左右されなくなる。自分に素直、正直になれて自然体の自分でいられるようになる。

そうやって自然に自分を受け入れられるようになってくると、他者とのかかわりも変わってくるさ。

心理学では**「自己受容は他者受容と正比例する」**と言われている。

自分を受容できた分、他者の考え方、価値観、心を認め受け入れることができ、人間関係がスムーズに構築できるようになり、人に優しく寛容な心で接していける。

一言で言うと、「これから」が生きやすくなる！

もし、そのまま受け入れることが難しいのなら、君自身のイメージを変えることをやってみるのもいいかもね。出来事や物事の枠組みを変えることによって、違った見方――いわゆる別の方向、視点や距離を変えて、人や物事の印象・出来事の意味づけを変化させ、新たな視点を持ち「意味づけ」をし直す方法がある。

これは、自分にだけじゃなく他者に対してもできることだから、覚えておいて損はないよ。

たとえば仮に、君は「わがまま」「意地っ張り」で「怒りっぽい」としよう。

「わがまま」

↓　自分に正直で、自分らしくいられている。だから、相手を信頼しているので、いろいろなことが言えている。

「意地っ張り」

↓　根気強く意思をしっかり持っている。だから、他者に流されない。

「怒りっぽい」

↓　情熱的で正義感を持っている。だから、正直者である。

と、こんなふうに「意味づけ」を変えることができる。

短所と長所も表裏一体。君が自分を診断して「心配性」を短所としてるなら、「私は想像力豊かで、万全の備えで取り組むことができる。だから失敗が少ないんだ」と見方を変えるとどうかな？　**短所は長所の裏返し**なんよ。

人は、他者と比較して劣等感を感じたり、優越感を感じたりして生きている。ということは、**自分であれ他者であれ「長所より短所に目が行ってしまう」癖を持っているってことだ。**

しかもさまざまな研究によると、脳はポジティブなことよりネガティブに感じ取ることの方が、インパクトが強く、インプット（記憶）されやすい性質を持っているということがわかっている。そして、人は1日におよそ6万回思考するらしく、そのうちの95％は昨日と同じことを考え、80％はネガティブなことを考えてるっていう。

だからその対策として、君の身近な人に君の長所と短所を聞いてみるといい。

なぜなら、自分で見えてないところを指摘してもらえるから。自分の優れていること、苦手なことや欠点を教えてもらえるからね。

そしてそれをノートに書き出し、短所を違った角度から見たりして長所に変換する「脳トレ」から始めてみるといいと思う。書き出すことで、自分と向き合い自分を知るきっかけになるはずだからさ。

ポイントとしては、自分の中の整理なので、自分に都合のいい解釈で構わないってこと。**自分に甘～いくらい楽観的に考えて短所を長所にしてみるといいよ。**

この話の締めくくりとして、俺なりの「自分を見つめ直す方法」を教えちゃおう。

たとえば、君が夫婦喧嘩を、とある交差点でしていたとする。

ママさん視点でいくよ。

――今、パパさんの言動にふつふつしてきて腹が立ち、怒りに任せて大きな声で怒ってる。パパさんもカァーッとなって売り言葉に買い言葉で返してくる。

このままではヒートアップして終わらないし、怒り疲れて収まっても、感情のしこりがモヤモヤッと残ってしまう。

そこで、夫婦喧嘩の光景を分解して、客観的に見ていくんだ。

すると、

「怒っている自分」

「パパさんから見えている自分」

「見知らぬ通行人に見られている自分」

……と、3方向から見えてくる。

つまり、**「三人称で見つめる」**ってこと。

それぞれの自分を見ての印象はどうだろう？

君はどう感じる？　自分の悪かったところや、相手に対しての配慮なんかの、さっきまで欠けて見えていなかった言動だの感情が見えてこないかい？

この**「客観視」を普段から心掛けると、自分の言動や感情をすんなりとコントロールしやすくなる**んだ。この方法で自分にも相手にも優しくできるから、ぜひやってみてほしい。

そのままを認める心「承認」

次に、「承認」の話をしよう。

「承認欲求」っていう言葉は有名だと思うが、これには**「自分を大切に想いたい。私は私であると認めたい」という「自己承認」と、「自分のことを認めてほしい。理解してほしい。尊重してほしい」という「他者承認」の二つがある。**

自分のことを大切にするには「承認欲求」を満たしていかなきゃいけないんだけど、この二つの欲求のバランスが保たれ満たされていると自信になり、「自分らしく生きていく」ことに繫がっていく。

逆にこの二つの欲求が満たされていないと、他者と比較してしまいがちになり、劣等感やコンプレックスを抱いて自分に引け目を感じて「自己否定」が癖になってしまい「生きづらく」なるんだ。

つまり、**承認欲求とは、「自己の能力、存在価値を認められたい」もしくは「認めたい」という欲求。**

他者から承認を得られなかったり、満足できずに留まっていると、とても苦しい思いをするだろう。なぜなら、他者から認めてもらいたいということは、「他人軸」に依存しやすくなり、自分の意思や想いに蓋をして自分らしくできず生きづらくなってしまうからだ。

承認欲求は、誰もが当然に持っている欲求なので、ゼロにはできない。だからこれもまたバランスを保つことが必要なんだ。

他者承認欲求が強く表れていると、次のような特徴が見られる。

・自分の話ばかりして聴き役になれず、人の話はそっちのけ。
・「どうせ自分なんて○○」と言う癖がある（悲観的である）。
・お金、地位、外見、肩書き、ブランドなどのステータスにこだわる。
・他者の同意を求め過ぎる（SNSの「いいね！」やフォロワー数を気にし過ぎる。
オンラインゲームに依存）。
・他者をよく褒めて、自分を褒めてもらおうとする。
・自己愛が過剰。
・過度に寂しがり。
・かまってちゃん。　……など

強くなっている原因として、次のようなものがある。

・子どもの頃の環境によるもの（インナーチャイルド、愛情不足）。
・自己顕示欲（自身の存在を示したい。アピールしたい欲求）が強い。

・プライドが高く、過去の失敗や挫折による心の隙間を埋めたい。
・成長してからの人間関係でつまずいている。　……など

では、これらをどうしたらいいのか？
自身の強く表れている承認欲求を静める方法として、次のようなアドバイスができる。

・自分軸で生きる（自分が最高のパートナーであり味方とする）。
・結果ではなくプロセスを重視する。
・コミュニケーション力をつける。
※後述する「聴き方」と「伝え方」を理解する（コミュニケーション能力を向上させることによって、他者承認されやすくなる）。
・見返りを求めない親切心を持ち、人に親切にする（感謝されることで役立っていると素直に感じる）。

・自分で自分を褒める習慣をつける。
※「インナーペアレントの癒し」（48ページ）に関係する。

他者に対して、承認欲求を満たしてあげたければこうしよう。

・聴き役になって否定や批判をしない。
・第三者が褒めている、認めているように伝える。
・褒めるところをしっかり褒めてモチベーションを上げる。
・感謝を、ただ心で思っているだけではなく、言葉で伝える。
・存在の承認をする。

最後に言った「存在の承認」は、今からすぐにできる方法。「存在の承認」を簡単に言うと「あなたがそこにいることを私はわかっているよ」っていうメッセージ。「おはよう」「お疲れ様」「ありがとう」などの声掛け。相手ありきの声掛けは、相手の存在を認めているということ。

さらに、名前で呼ぶことで、より存在の承認を高めることができる。


ちょっと試してみようか。

たとえば、
・「ちょっと」「あの～」「おい」「ねぇ」で呼ばれるパターン。
・「お前」「君」「あなた」「あんた」で呼ばれるパターン。
・ちゃんと名前で呼ばれるパターン。

君はどのパターンが自分のことをより見ていてくれているように感じるかな？

そして君はどのパターンを他者にいつも使っているかな？

仮に初対面の人や知り合って間もない人に、名前をすぐに覚えて呼んでもらえたら、親近感が知らず知らず湧いたりしてるんじゃないかな。

これにプラスして、目を合わせたり手を止めて言ったりという「非言語的コミュニケーション」を意識して行うと、存在の承認の効果はグンと上がるものなんだ。

後で詳しく解説するけど、「非言語的コミュニケーション」っていうのは、表情や視線、身振り、声のトーンなどの、言語以外の情報を基にしたコミュニケーションのこと。

「ありがとう」と感謝をする、「愛してる」「好き」と思っているだけでは伝わりにくいから、しっかりと言葉にして形にすることでちゃんと伝わり、存在の承認になる。「非言語」を使うのはもちろんのことで、これに「名前を呼ぶ」をプラスすると――さらに効果がグングン上がるはずだ。

受容と承認をしていく上で、注意すべきことがある。ごくごく一般的な人が行ってしまう評価基準だ。

それは**「行動（Doing）」の「結果（Having）」から評価をし「存在（Being）」を認める――という判断基準。**

学校の成績を付けるような、人に対しての評価基準。行動の結果で「できる」「できない」を基に存在価値、あるいは存在意義を決めてしまう。

一見、普通のことみたいだけど――果たしてこれは正しいことかな？

たとえば、君の大切な子どもが勉強ができてテストで100点をとった。「すごい」と評価し、存在価値を認める。――これだけ聞いたら、問題とは思わない人が多いかもしれない。

では逆に、勉強が苦手でテストの点数が30点だった。

この時、大切な子どもの存在価値は下がるの？

「できる、できない」で存在自体の価値は変わらないよね？

私たちは、子どもの頃の親や学校教育の影響をもろに受けている。たとえば学校での採点の仕方、評価の付け方があり、テストの点数などの結果で評価されることに慣れている。そのため、プロセスをあまり見ずに結果を重視する傾向が強い。

ついついできないことにフォーカスしがちになるが、できる・できないにかかわらず、自分であっても他者であってもその時の感情に寄り添い、受容することが大切なんだよ。

できた時は褒めて喜び、できなかった時は残念がったり悔しがったり。そうして素直になることで、承認欲求を満たしていく。

大切なのは行動や結果より「無条件に存在そのものを尊重すること」なんよ。他者にとっても自分自身にとってもね。

受容と承認は、別個のものじゃない。1セットなんよ。言葉を繋げるとわかりやすいかな。「認め受け入れる」になる。認めていないのに受け入れることは表面的にしかできない。

簡単に言うと、合わせているだけ。要は、嘘をついているのと変わらない。

「自己肯定感」と「自己効力感」もセット

「自己肯定感／否定感」と「自己効力感」の話をしよう。前者はよく知られた言葉だけれど、後者はまだ、一般社会には浸透していないよね。

まず、「自己否定感」。これは読んで字のごとく自分を否定してしまう心のこと。これも親からの——正確に言うとインナーペアレントからの影響、もしくは、生きてきた経験の中で自分のことを否定や批判する癖がついてしまっているということがある。

インナーチャイルドの面から言えば、幼少期の頃から「愛の要素」をたくさん受け取ることで自己肯定感を育んでいく。なのに、親から「本当にダメな奴だな」などのネガティブなコミュニケーション（言語的・非言語的）を浴びせられていると、子どもは無意識下でそれを受け取り、「自分は本当にダメなんだな」と思い込み、固定化してしまって成長する。

俺自身の生きてきた経験で言えば、他者から否定され承認や受容の欲求を満たせない状況だ。**本当は否定的に思いたくなくても、有形無形のインプットが自己暗示のようになり、脳裏に固定化してしまっている。**先の鋭い槍を自分に向けて、ダメ出しや責めて存在を否定してしまい、とても辛くキツく苦しく感じてしまう。

これは、自分の中のインナーペアレントがキツく厳しいということだね。

具体的に言うと、

・私にはできない。
・私は愛されていない。
・私の心は弱い。

・私は自分も人も信じられない。
・私は幸せになれない。
・私は存在してはいけない人間。　……など

簡単に言うと、自己否定感が強いということは「自信」が欠けているってこと。

この自己否定感の真逆に位置するものが「自己肯定感」。自分自身の在り方、価値、存在意義を無条件でそのまま認めることをいう。自分自身が「自分という存在自体は大切で価値がある」と感じることだ。

具体的に言うと、
・私はできる。
・私は愛されて大切にしてもらえている。
・私の心は安定している。
・私は自分を含めて人を信じられる。

・私は幸せになれる。
・私は存在すべき人間。　……など

自己否定感とは逆で、自己肯定感が安定していると「自信」が保てているってことになる。

似たような意味で使われる「自尊心」は、「自分自身の人格を大切にする気持ち」だ。人格＝パーソナリティで、個人の性格や気質、能力といった個性のことであり、「自分自身の全てを大切にする心」だと俺は思っている。

次に、「自己効力感」について話していこう。

自己肯定感と自尊心の両方を保つには、「自己効力感」というものが欠かせない。

「自己効力感」とは、自分にできる・できないの可能性の認知のことを言う。

簡単に言うと、「できる・できないの思い込み」といったところだろうか。なにかにチャレンジする際のモチベーションに繋がるものだ。

たとえば、なにかにチャレンジする際に自己効力感が低いと「上手くできない」という思い込みをしてしまい、チャレンジしないか、途中で諦めるか、失敗の可能性が上がるか……などに心がぎゅっと囚われてしまう。

自己効力感が高ければ「上手くできる」と思い込むことができて、すっとチャレンジできることだろう。自身の成功体験を思い出したり、他者の成功体験を動画で見たり本を読んだり、他者から応援されたり励まされたり、音楽を聴いて気分を上げたり、失敗イメージではなく成功イメージをすることで自己効力感はスーッと上げることができる。

一旦話が変わるけど、ここで言った成功イメージのコツを教えるよ。

そうだなあ、ダイエットに成功したとしようか。まずダイエットに成功していると思い込んでみて。

君はダイエットに成功して何を得られた？

たとえば、痩せて理想の体型になった。

そうしたらどうなる？

きつくて着られなかった服や、着たかった服が着られるようになった。

そうしたらどうなる？

自由に好きな服を選んで出かけるのが楽しくなってきた。そしていろんな出会いがあって、自分の可能性を引き出してくれる人と出会う。

そうしたら自分はどう変われるだろう？

こんなふうに、ストーリー化してワクワクやドキドキに結び付け楽しくなるイメージをする。その都度、なにが見えてなにが聞こえ、なにを発し、心や身体はなにを感じているか。リアリティイメージをするんだ。それがモチベーションになり、希望にもなるんだよ。


俺おすすめの自己効力感の上げ方は「根拠のない思い込み」を持つことだ。これによって「自己暗示」を自分にかけられる。

「絶対上手くいく！」「大丈夫！」「いける！」「最後には上手くいくさ！」などと自

分に語りかける。そう、自己対話をするんだよ。そして、「失敗したとしても成功までのプロセスで必要なことだ」と思い込み、ベースにし、失敗を失敗と捉えないのがコツ。

つまり、チャレンジを成功させる秘訣は、**「根拠のない思い込みを持ってとりあえず行動に移すこと」**なんよ。

行動することで必ず結果が訪れる。その**結果を振り返る（フィードバック）→考える（対策を練る）→実行（行動）を1セット**として、10回続けて失敗してみるといい。

一つの結果が失敗だとしても、フィードバックし、なにが良くてなにがいけなかったのか、なにが足りず、なにが欠けていたのかをしっかり捉えて、その次の対策をちゃんと考え実行し、10回連続失敗してみるってこと。

誰だって、失敗するのは嫌だろうね。だけど、これにもちゃんと意味はある。

少し考えてみてほしい。

「変わりたいと思っているけどチャレンジしてない自分」と、「10回チャレンジして失敗した自分」。どっちの自分が人として成長するか。わかるよね?

そして10回連続失敗した頃には、一度もチャレンジしなかった頃とは比べものにならないくらいに、君はグンと成長してるんよ。しかも、10回連続失敗し続けるっていうのは、実はかなり難易度が高い。

だって、10回失敗する前にだいたい成功(達成)しちゃうものだから。

自己肯定感、自己効力感、そして自尊心が高いと、

・安心感を持っている。
・積極的なチャレンジ(行動)ができる。
・失敗したとしてもプロセスと捉え、成長の糧にできる。
・人の評価に振り回されない(自分軸)。
・人との違いを認め受け入れられるので、他者をジャッジしない。
・人間関係のトラブルが少ない。

・客観的に物事を捉え、考えることができる。
・立ちはだかった壁を乗り越えることができる。
・やる気、気迫、勢いを備えている。
・自分の意思、判断によって自ら決断し、責任を持ってアクション（行動や発言）をとることができる。　……など
といった人間になる。

自己肯定感、自己効力感、自尊心が低いと、
・不安や恐れに支配されやすい。
・消極的でチャレンジができない。受動的。
・失敗すると自分を否定してしまい責めてしまう。立ち直れない。
・人の評価が気になり振り回されてしまう（他人軸）。
・他者の考え方や行動をジャッジし否定・批判してしまう。
・人間関係のトラブルを多く抱え込んで悩んでしまう。

・人との違いを自分と照らし合わせ比較し、不安になってしまう。
・壁にぶつかると「どうせ無理」と諦め、落ち込んでしまう。
・やる気、気迫、勢いが乏しい。
・自分の意思、判断を他者に頼ったり委ねたりのアクション（行動や発言）をとってしまう。　……など

このようにさまざまな特徴も表裏一体で、メリット・デメリットがある。

これらの中に、自分自身に当てはまる特徴があるかな？

しかし、悪い特徴があっても過度に気に病む必要はない。人が生きている中での出来事で気持ちの上下は必ずあるもんさ。

自己肯定感などがどれだけ高くても、落ち込む時は落ち込むのは自然なこと。たとえ心がストンと落ちたとしても自身のインナーペアレントを優しくし、「自分の今ある存在をそのままを受け入れること」で自己受容してインナーチャイルドを癒し、自己肯定感などを保つことができるんだよ。

とりあえずは、できていないことを見るんじゃなく、できていることだけを見るといいよ。

「自己肯定感」＝「自信」ではない。

「自己肯定感」×「行動からの経験」＝「自信」

これがズバリの答えなんよ。

「変わりたい」の《たい》は単なる願望。行動しないと君は変われない。やるか、やらないかを考えている間は、心が揺さぶられ安定しない。いろいろなことが頭の中を駆け巡る。《たい》だけでは前に進めない。

勇気を持って行動することになにひとつ無駄なことはないから心配すんな。

勇気を持って行動し、結果に結び付くことで自信になる。

勇気を持てず行動できないでいると結果は出ない。それは後悔に繋がってしまう。

たとえ結果に結び付かなかったとしても、勇気を持って行動したのならかけがえのない貴重な経験になるもんだ。少しの勇気を持って行動し、その時を迎えたのならなにも残らないことはない。


勇気を振り絞って、覚悟と決意を持って動き出してごらん。

すると心は安定してきてふわっと軽くなってくる。

君の人生の道が自然と見えてくるはずだよ。

自分の本心を大切に扱う秘訣

自分の道を歩む。言うのは簡単だけど、実践するのは難しい。
そのためには、「他人軸」ではなく「自分軸」でいることが大切なんだ。

「自分軸」とは、自分自身の判断や選択。そして、決断し行動するときの基準となる価値観での生き方であり、**「素直に自分がどうしたいかの軸」**。

「他人軸」は、他者の意見や評価に振り回され、自分の本心に蓋をし、他者の価値観に合わせてしまう生き方であり、**「他者にどう思われたいかの軸」**。

もっと簡単に言うと、自分軸は自分の正直な本心。「○○したい。○○したくない」という、自分の素直な感情がベース。

他人軸は、自分の心を抑えている理性。「○○しなければ。○○すべき」という、メリット・デメリットの正解・不正解の思考がベース。**本心を理性で抑え込むことで、心を我慢させる。**

犬や猫のような動物は寝たい時に寝て、食べたい時に食べるような本心（本能）で生きているが、人間は本心（本能）を理性で抑え込み言いたいことを言わなかったり、やりたくないことでもやる。

この本心（本能）と理性のぶつかり合う刺激のことを「ストレッサー」と言い、それによってもたらされるのが「ストレス」なんだ。

しかし、自分軸・他人軸のどちらかに100%というのは無理。**大切なのは、「自分の中での基準が『自分軸』であること」。**

私たち日本人は他人軸で生きていることに慣れてしまっている。

それは、「相手を尊重する」文化のため。日本人は相手のことを考える、気持ちを察する、場の空気を読むことが大切とされる文化で育ったことで、その能力に長けている。しかしそれによって、自己主張より相手を重んじる傾向性が高くなってるんだよ。

よく「日本は『和の国』だ」と言われるように、こうした国民性は「和の心」って言える。和の心は「おもてなし」や「謙遜、謙虚」といった形で表れる、とても素晴らしい文化だ。

けど、皆が慣れ過ぎてるから、相手に合わせ過ぎてしまい、自分自身の考えや思いを見えづらくしてしまう一面も兼ね備えている。「和の心」は、過度になったら「同調圧力」ともなって表れてくる。

「『自分軸』が欠けてる」っていうことは、「自分の感情や本心に蓋をして自分を出せてない」ってこと。つまり、「自分らしさ」が欠けている。

自分の「自信」が欠けている場合、周りの目を気にして流されやすく、自分の意見や考えを主張せず、周りに合わせる方が得策だろう。

そして、自身に選択を求めると「自分がどうしたいか」じゃなく一般論や一般常識、世間体、他者の判断や評価に答えを求めてしまうよな。

これは人間の持つ安心・安全の欲求である自己防衛の一面があり、その基準から考えると、「恥を掻きたくない」「馬鹿にされたくない」「怒られたくない」「落胆させたくない」「見捨てられたくない」「嫌われたくない」など、常に他者の顔色を窺い、間違いや失敗を回避したいという思いが巡っている。

こういう考え方になっている人は、他者の考えや価値観に左右され相手に自分を合わせてしまう。

そのため一貫性がなく、結果として相手からの信頼を得られないこともある。ある意味では「いい人」なんだが、他者に都合よく使われることもあるだろう。

「他人軸」で生きるということは、他者の考えや価値観に合わせて自分の言動を決めること。それは他者の期待に応えることでもあり、「自己犠牲」に繋がり、自分自身が不自由になり「生きづらく」なるんだよ。

私は私。あなたはあなた。

――と、しっかりと境界線を引いて物事を判断することができずにいると「自分」を見出せなくなる。

だから、君の心の芯にある本心に気づくことが必要なんよ。

君は、自分が傷つくことから逃げているんじゃないか？

子育てや家事、仕事などで「他人軸」でいると、他者のために自分が我慢して行動に移す「自己犠牲」となる。

しかしそれが「自分軸」だと、自分の素直な感情で「こうしたい、こうしてあげたい」と行動に移す「他者貢献」となる。

君は、どっちの軸をベースに今を生きているんだ？

「自己犠牲」と「他者貢献」の違い

「自己犠牲」と「他者貢献」の違いはなんだろうか？
簡単に説明すると、次のようになる。

『自己犠牲』＝「自分デメリット」×「相手メリット」＝Lose×Win
『他者貢献』＝「自分メリット」×「相手メリット」＝Win×Win

自分の感情だけで行動に移すと「自己中心的」となってしまうんだ。

『自己中心的』＝「自分メリット」×「相手デメリット」＝Win×Lose

ここで考えてほしいことは、相手を想う気持ちをしっかり持つこと。この想いを大切に扱うことで「他者貢献」になっていく。

ここでは説明するためにWin・Loseという言葉を使ったが、損得勘定のようなものではなく、見返りを求めたりしないことに注意してほしい。「心配り」や「思いやり」の気持ちを持って「貢献」していくことが大切。これこそが、「本当の優しさ」なんじゃないかな。

優しさを与え、自然と感謝される。その感謝を素直に受け取ることで自分の存在を認めることができる。すると自己肯定感が高まって自信に繋がり生きやすくなる。

ネガティブでもポジティブでも感情をそのまま味わって受け入れ、「どうしたい」「どうなりたい」もしくは「どうしたくない」「どうなりたくない」という素直な自分の心の声を聴くこと。聴くことで感じているそのままの感情と向き合い、そして勇気を振り絞って行動に移す。

その結果は失敗かもしれんし、成功かもしれん。結果は不確実だが、確実に君のかけがえのない貴重な経験になる。

この一連のサイクルを繰り返していくことで自分軸が確立してくる。

他者との比較を気にして制限を設けたりせず、感じたまま表現すること。

格好悪かろうが、みっともなかろうが「これが自分」と認め、「そんな自分でもいいじゃん！」ってどんどん開き直るくらいやること。

「私は私」とできてくることで、心は格段に楽になってくる。行動に移すことで自分の生き方のベースとなる経験ができる。この経験こそが自分を強くする。

そして、他者に左右されることのない「私は私」として生きることができる。

これが生きやすくなる「自分軸」。

つまり、**「自分軸」で生きるということは、「自分らしく生きる」ということ。**

よく「自分らしく」がわからないと耳にするが、周りを気にしている「他人軸」だからこそ、「自分というもの」を見出すことができていないのだ。

「他人軸」で生きる：「適合」という他者や社会に合わせていく人生。
「自分軸」で生きる：「創造」という自分を見出し自分を創っていく人生。

周囲からの働きかけ——「親から言われて」「上司から言われて」「みんながそうするから、しているから」などで「反応」し、「適合」させるのではなく、自ら「創造」し、考え、働きかけて生きていく。

どちらの人生をベースにしたら生きやすくなるか、君自身で考えてみてほしい。

性格ってのは、癖みたいなもんさ

よく、私は落ち込みやすい性格なんです……とか、人の目が気になって言いたいことが言えない性格なんです……っていう言葉を耳にする。でも性格ってさ、先天的な気質もあるだろうけど、実は後天的な影響によるものなんだよね。親からの影響でインナーチャイルド、インナーペアレントという「心の中の二人」ができてベースとなり、その後の人生を歩む中でさまざまな経験をして性格が形成されていく。

今、君が何歳であろうと、こうして生きてきているものなんだ。

確かに、「性格は直らない」って思うのは間違いではないかもしれない。けれど、自分をしっかりと見つめインナーペアレントを寛容的にして、自分に許可を出し、出来事や物事での経験の見え方や受け取り方を変えて、愛の要素を自分に向けてやっていけば、「思考」は間違いなく変わってくる。

「思考が変わると心が変わる」
「心が変わると行動が変わる」
「行動が変わると人生が変わる」

ロジックに解くとこうなる。
君の心の芯にあるものは変わらないかもしれないが、人生が変わった時に、今見えている景色はグッと変わるだろ？　ということはやっぱり、**これからの人との出会いとか経験で学んだことが、君をグッと変えるんだよ。**

性格は癖みたいなもの。爪を噛む癖があるとしたら、「今、噛んでるな」と気づくことだろう。気づいたらやめる意識を持てるでしょ？　ということは、自分の好ましくない性格に気づいたら、気をつけることができるんよ。

俺の場合で言えば、「短気」。以前はすぐイラッとして態度に出していたし、人を傷つけることをしてた。

けれど今は違う。なぜ怒りの感情になるのか心理学から学んだことで、思考が変わった。

かといって短気が消えた訳ではなく、心の芯には残っている。それでも、思考が変わったことで制御できるようになって、怒ることは皆無ではないけれども、限りなくゼロに近づいている。

つまり、君は変わるのを待つんじゃなくて、思考を変え行動して、失敗や成功からいろいろなものを学んで経験を積み成長し、自ら変えていくんだ。

もしこれでも変われないとしたら、今ある「環境」が原因。環境を変えないから変わらないんだ。

だったら、その環境を変えてしまえばいい。

たとえば、落ち込む性格の人。落ち込む時は大概一人になって孤独を感じている。ということは、一人で孤独を感じる「環境」があるからそうなるんだ。

だったら人を頼ってみよう。一歩踏み出す勇気を振り絞って格好悪くてもいいから行動してごらん。環境を変えることで、君は変われる。

君の「これから」を変えるのは「行動」。少しでもいいから行動してごらん。おのずと君は変われるから。

そして、これからの人生という道が明るく照らされ、歩みやすくなることだろう。

君の人生のストーリーはオリジナル。誰のものでもないんだ。どんと、地に足をつけて歩もうぜ！

君にしかできないこと。君にならできることが必ずある。

俺は、できると君を信じる。

PART 2

「心」を扱う

～自己コントロールの仕方～

これからを「楽」に。
そして「Happy」に！
自分らしく歩むことができ、
人生がより歩みやすくなる。
誰でもできる運命の変え方。

親の呪縛から境界線を引く方法

ＰＡＲＴ１では、君の「心」を知ることに努めてきた。

ＰＡＲＴ２では、自分の「心」をコントロールする方法を、できるだけ具体的に話していくよ。

まずは、親の呪縛と自分との間に、はっきりした境界線を引いてしまう方法。

人はインナーチャイルド、インナーペアレントの呪縛で苦しくなっていることがある。

親の管理下にいた頃を「宿命」としたら、管理下を離れてからは「運命」だ。この二つは似た言葉だけど、**「運命」は「自分で切り開くものだ」**ということをまず理解してほしい。

ここでは、運命を切り開いていく方法をガイドしよう。

①過去を振り返る

はじめに今の自分の状態を自覚して、そして自分自身の過去を振り返るんだ。

宿命だった頃、親に対して許せないことがあっただろう。それを吐き出すんだよ。

その出来事を紙に書き出して、自分がその時感じた感情をそのまま書きなぐる。

「てめぇふざけんな！」「バカかてめぇは！」でもなんでもいい。

誰にも見せないんだから好きなように書きなぐるんだ。もう思い出せないというくらい書きなぐるといい。そして、書き終えたら書きなぐった紙をビリッビリに破いて捨ててくれ。

書きなぐるだけ書きなぐって捨てたら、想像力の出番。その当時の親になりきって、「その時、親がなぜそういった感情を抱いたり言動をとったのか？」「なぜそうせざるを得なかったのか？」という理由を考え、別の紙に書き出してみるんだ。

たとえば、「その方法しか知らなかった」とか、「世間体を気にしてた」「祖父母の教えだった」とかね。

君が納得できるまで考えて書いてみる。考え書き終えたら、親の言動や心の未熟さや不器用さを少しずつ少しずつわかってあげてみて。

君自身にも同じように言動や心の未熟さや不器用な部分がないはずもないから、きっと見えてくるはずだ。「自分と変わらないものがあったんだな……」ってね。

そうやって、わかってあげられたら……その紙をまた捨ててほしい。

②感謝を述べる

次は些細《ささい》なことでもいいから「感謝していること」をなるべく多く書き出して。

たとえば、父親になら「仕事をしていてくれたからご飯が食べられた」とか、「進学できた」とか。母親になら「家事をしていてくれたから自分はやらなくて済んでいた」とかね。

人によっては、親に対して複雑な感情があって、なかなか出てこないかもしれない。だから、本当にごくごく小さなことでいいから。

書き出し終わったら、この「感謝していること」を独り言で構わないから声に出して読む。はじめは心がこもってなくてもいい。心がついてくるまで読み続けてみる。

③親に伝える

ここまで心が整ってきたら、その許せなかったこと、感謝していること全部を勇気を振り絞って親に直接会って伝えるんだ。どうしても直接会うことができないのなら電話でも手紙でもLINEでもいい。書き出したものを感情なしの棒読みでも構わないから、できる限りやってみてほしい。

もし伝えることができなければ、手紙として書き出すだけでもやること。それだけでも心の整理はできてくる。親が亡くなっていたら墓前にでも仏壇にでもいいから伝えるんだ。謝りたい気持ちがちょっとでも出てきていたら、それも伝えよう。


親の反応として、大体4パターンがある。

君の「許せなかったこと」に対し、

・認めて謝る。

・認めないが謝る。

・認めるが謝らない。

・認めもせず謝らない。

親が認め謝ってくれてわかり合えれば、許せる気持ちが持てるかもしれない。その君の「許せなかったこと」をはぐらかされたり、忘れられていても謝ってくれれば、まだ許せるかもしれない。

認めようが認めなかろうが謝らないのであれば、「ああ、自分の親はこういう反応しかできない不器用な人なんだな」と思い、いい意味で「こういう人か」って境界線を引けばいい。

だから、**親の反応を確認することで自分自身の心の整理ができる**――ここまでやることで、自分の中に引っ掛かっていた心と向き合うことができる。

次は自分へのメッセージ。

ペットがいればペットにでもいいし、ぬいぐるみにでもいい。もしくは、自分自身に対してでもいいが、自分の子どもの頃に見立てて、「親に言ってほしかった言葉」を口にし、撫でたりさすったりする。そうして自己投影し、今の自分から過去の子どもの頃の自分にメッセージを送るんだ。

この一連の作業をすると、親の軸から外れることで「自分軸」になれる。親からの宿命から外れ、自らの運命を切り開いていくことが楽になっていくことだろう。

これは、インナーチャイルドを自分で癒す効果のある行動であり、親とは違う許せない人に対しても効果のある行動でもある。

自分に優しくなれる魔法の言葉

自分に優しくなれる魔法の言葉を教えよう。
ただし前提として、これはどうしても迷いや悩みを抱え込み過ぎてしまう、白黒主義や真面目過ぎる人への魔法だということを理解しておいてほしい。

その魔法の言葉は、次の3つだ。

「まぁいっか」
「でも大丈夫」
「なんとかなるさ」

つまり簡単に言うと**「『楽観的』になれ」**ってこと。

この「まぁいっか」「でも大丈夫」「なんとかなるさ」に、根拠はいらない。根拠がないからこそすっと次に歩み出せる。ある意味ポジティブになれる魔法の言葉。

なにかしらの結果で上手くいかなかった時にこう考えて、次に歩み出すにはなにが必要か考えて行動に移すことができるようになる。

「こうしなければならない」「ああしなければならない」と、君は今までいろいろ考えて真面目にやってきたんじゃない？

たぶん、いきなり考え方を変えようとするのは難しいかもしれないな。だって、何年もそうやって生きてきたんだからね。


だから簡単な方法として、語尾に「まぁいっか」「でも大丈夫」「なんとかなるさ」を付けることを習慣化する。

いいかげんに思えるかもしれないが、そのくらいの「良い加減」で塩梅がいい。習慣になるまでは意識してやらないといけないが、慣れてくれれば気にならない。はじめのうちは、違和感を覚えることがあるかもしれないけど、大丈夫。
なぜなら**人間の脳って、個人差は少しはあるが約2か月続けると、習慣化する。**最初は目につく場所にメモを貼ったりして、トライしてみよう。

もう一度言うよ。「まぁいっか」「でも大丈夫」「なんとかなるさ」は魔法の言葉。前向きになれる言葉なんだ。

たとえば、人の価値観は皆オリジナルで、全く同じ価値観というのはない。なのに他人から価値観を押し付けられ、合わせようと頑張り過ぎると、自分が自分ではなくなってしまい……疲れちゃうよなぁ？

そんな時は、「この人はこういう考え方なんだな」と捉えてから「まぁいっか」と口にしてみよう。今の自分に必要がないと思ったら切り捨てちゃえば、他者からダメージを食らうことは少なくなるんよ。

「ダメな自分」「できない自分」がいたとしても、それも「自分」だ。

自分で自分を責めていたら、自分を認めることはできない。
そこでも「まぁいっか」、そして「なんとかなるさ」と声に出してみよう。だって、そのままの自分で別にいいじゃんか。

また、行動の後の結果が思わしくなく、自分に自信が欠けてしまっているのであれば、「でも大丈夫」、そして「なんとかなるさ」と口にし、行動に移すことで、状況は変わってくるもんだ。

今まで君は生きてきている、という事実がある。
ある意味「なんとかなって」生きてきてるんだよ。
そのままの自分でいることが、ストレスを溜めないことに繋がるんだ。それが疲れない秘訣なんだ。

この、自分を優しく扱う3つの魔法の言葉が、頑張り過ぎないことにも繋がるよ。

肩の力を抜き意地を張らない、「まぁいっか」。
先の不安に呑み込まれそうなら、「でも大丈夫」。
そして、今までなんとかなってきたんだから、「なんとかなるさ」。

焦ったところでなにひとついいことなんてないから、「あせらず ゆっくり マイペース」を心掛けて頑張り過ぎないようにしていこうよ。
そうしていく間に、少しずつ少しずつ君は変われるからさ。

「許す」って、こういうことなのかな

「許す（赦す）」ということは、信仰の世界でも重視されてる。けれどこれを普通の社会生活を送っている人が深く理解するのは、実は難しいんじゃないかな。だって、普段、生活していたら「私は正しいのに、あなたは間違ってる」って思うこと、いっぱいあるもんね。

だけど、「許す」って「正解」や「正しさ」ばかり求めないことなんじゃないのかな。**許すというのは、正そうとするんではなくて、わかってあげる寛容さ**なんだと思うんだ。

昨今、「正しい」ことばかり求め、１００％正解でもない答えのようなもんをぶつ

け合ってる《生きづらさ》ばかりが目に付く。でも、人それぞれ考え方や価値観は全く同じとはいかないもの。

国単位で見ても正しさという「正義」のぶつけ合い。政治家なんかを見てもぶつけ合っている。仕事場でも、家庭でも、正しさばかりぶつけ合っていがみ合ってることが多い気がしないかな？

寛容さのないいがみ合い……俺はそんなのを見て寂しく想うんだよね。

普段は疑いもしないような考え方や価値観の「当たり前」ってものは、実は結構いいかげんなもの。

たとえば、地域や国などの「文化の違い」「時代の違い」なんかがある。食文化も違うし、方言や英語なんかの言語も違う。地域や国によって教えも違ったりさまざまだよね。時代の違いだと、たとえば昭和の頃は、基本どこにも灰皿があってタバコが吸えた。電車や飛行機、病院の待合室でもタバコが吸えるのが当たり前。今の令和の時代の価値観には当てはまらないよね。

もっと簡単に大袈裟に言うと、「1＋1＝2」。これは、当たり前にわかること。

仮にこの計算の答えを、日本の人口1億2000万人くらいが「3だ」と言っていたら、それが当たり前になって、君が「2だ」と正解を出していても不正解のようにもなるし、「多くの人が言っているのだから、3が正しいんだ」という考え方になって流されてしまうんじゃないかな。

このように、**普段、当たり前のように見えていても立場を変えたら正解はないんだよ。**

俺自身の考え方や価値観だって、全てが正しいとも限らない。そういつも考えるようにしている。だからこそ、娘やクライエントに正解や正しさばかりを求めない。

――だってさ、俺自身正しさばかり求められたらキツいもん。生きづらくなっちゃうじゃん！

俺がもし、周りの正解や正しさばかり気にして求めるようだったら、正解のないものに惑わされ不安や恐怖を感じて苦しくなってることだろう。

さらにそれを娘にも求めて、娘も同じように苦しくなるんだろうな。まだ結婚するかどうかも、子どもを産むかどうかもわからないけど、俺の影響によって、まだ見ぬ孫も苦しくなるかもしれない。

子育てはよく連鎖するものだから、それは考えただけで嫌になる……。

俺は愚か者で弱い人間だ。心理学を学ぶ前まで、たくさん間違ったこともしてきた。いや、カウンセラーになった今からでも、知らず知らずのうちに人を傷つけるような間違ったことをするかもしれない。

その時、正解や正しさばかり指摘されるより、俺の真意をわかってくれる人が一人でもいてくれたらどれだけ心が楽になるだろう。

「自分の中で100%完璧に」なんて疲れちゃう。**正解・不正解、正しい・正しくないという、白黒つける生き方は疲れちゃうんだ。**

生き方は人それぞれで、正解も不正解もないじゃんか。

だから俺は、**理屈なんかじゃない愛が、正しさなんかより大切だ**と思うんだ。

ダメな自分もダメな相手も、そのままでいい。自分も未熟なんだし相手も未熟なんだから、話をしたり聴いたりのコミュニケーションは寛容な心でやっていった方が楽だと思うし、生きやすいと思うんだよね。

もちろん、生きていく上での最低限のルールやモラル、礼儀は必要不可欠。「正しさ」は必要な要素でもある。でも俺は最低限でいいと思うんだ。

そこで俺は言いたい。**「生きやすさは寛容な心を持つことから」**だと。

寛容な人ほど心の器が広いし、本当の優しさを持っている人なんだと思う。そんな人といると心がふわっと軽くなり穏やかになる。そして元気にもなれて、明るい笑顔になれる。応援されると心から頑張ろうと思える勇気をもらえる。さらに自分がよりもっと成長できるって思える。

たとえそこに沈黙があったとしても、ほっこりとした心地よい空間だろう。

俺はまだまだそこに到達できていない。親としても人としても。

正しさの鎧《よろい》を身に着けている人は立派だと思うけど、寛容な人の足元にも及ばないと俺は思う。

俺は「そんな人に一歩でも近づけるように、よりもっと『自分磨き』しないと」って思うんだ。自分のために。大切な人のために。

君にも、こんな「自分磨き」をしてもらいたい。

だってこんな人に君がなれたら、大切な人を本当に愛せるってことだし、もっと広い視野で見たら、こんな人が一人でも多くいたら、この世の中の争い事が一つでも減って、絶対に笑顔の連鎖が起きて生きやすい世の中になると思うんだ。

たとえが大袈裟だったかもしれないけど、多くの人の迷いや悩みが減るんじゃないだろうか。

だから、**生きやすい生き方っていうのは、「寛容な心を持つこと」**だと思う。

相手をわかってあげようよ。そのままを受け入れてあげようよ。君と同じようにわかってほしくて受け入れてほしいかもしれないよ。求めるんじゃなくて与える側になっていこうよ。自分自身に向けてもさ。

イソップ寓話の『北風と太陽』で、北風が「正しさ」、太陽が「寛容な心」としたら、俺はビュービューと「正しさ」を吹き付ける北風より、ぽかぽかと小春日和の優しい日差しを照らすような太陽になりたい——。

俺のこの想いが君の心に1ミリでも届けられたら、とても嬉しく想う。

円滑なコミュニケーション術

人と人を繋ぐには、コミュニケーションが必要不可欠。

俺の考える「コミュニケーション」ってのは、ただ話すだけなんじゃない、相手の「どうしたいか」「どうしてほしいか」を基準に心のキャッチボールをすることだと思うんよ。

これはあくまでも「基準」であって、「自分の想いは全て後回し」というのとは違う。

もし君が会話において言葉を交わすことだけがコミュニケーションだと思ってるなら、それは大きな間違い。**コミュニケーションは「言語的」「非言語的」と二つに分類されており、後者の比重が実は大きい。**インナーペアレント・インナーチャイルドのところ（40ページ）でも少し説明したけれど、ここで詳しく話していこう。

「言語的コミュニケーション」とは、言葉自体の意味のこと。

「非言語的コミュニケーション」は、ジェスチャー、表情、視線、風貌、仕草、声のトーンやテンポ・ボリュームなどの、目や耳で感じる言語以外の情報を基にしたコミュニケーションのことをいう。

さまざまな研究によると、言語自体の意味は7％、非言語の部分が93％と言われている。たとえば、「ありがとう」と口にした時・された時。言語的には、感謝しているのはわかるだろう。でも、顔の表情や態度、声のトーンが伴っていなければ、ちゃんと心は伝わらない。

謝罪の場合でも同じだ。ブスッとした表情でふんぞり返りながら「ごめんなさい」と言おうが言われようが、誰がその謝罪を受け入れると思う？　だから、このような**非言語の部分が、コミュニケーションの中ではとても重要**なんだ。

①聴き方

君は、「聞く」と「聴く」の違いはわかっているかな？

「聞く」はHear —— 自然に耳に入ってくる声や音。

「聴く」はListen —— 耳を傾けて集中して聴き入る声や音。

これは俺の勝手な文字解釈だけど、漢字を見ると「聴」は「耳、十、目、心」の組み合わせでできている。

耳だけではなく、心や目を十分に使うということで、声をただ聞くのではなく、心を聴くということだと考えている。

「心を聴く」には、相手の声に耳を傾けて、声のトーンやテンポ、目の表情に気を使い、言葉の真意である心にも気を配って、相手を否定せず受け入れ共感することが大切。これが心理学で言うところの「傾聴」という技法だ。

人と話す時、君はなにかをしながら聞いていたり、目を見ずに聞いていたりと、「聴き役」にならずに自分の「意見」ばかりを言ってないかい？「あなたのため」というような大義名分を掲げ、「ああしなさい」「こうした方がいい」「あなたは間違っている」「こうするべき」などの「意見」を言ってないかい？

相手が誠意を持って話そうという時、決して「君が『安心したい』がため」の意見であってはならないんだ。

意見したい、という気持ちもわかる。俺がそうだったからね。

「意見」という言葉を辞書で調べると「戒める」という意味もある。前もって注意することだね。適度なバランスは大事だが、行き過ぎはただの「押し付け」だ。

相手は話を聴いてほしいのに、最後まで聴かずに「戒め」を挟み込み、水を差し、腰を折ることを相手は求めているのかな？　それで「コミュニケーションがとれている」なんて言えるのかな。

傾聴のテクニックとしては、「相手の呼吸と合わせる」「相手の言動や仕草を鏡のように真似る」「相づち、うなずきを意識的にする」そして、「相手の言葉をそのまま返したり、話を要約したりの『オウム返し』」などがある。でもこれらは、単なる技術の御題目。

技術も大事だが、もっと大切なことは「どうすれば相手が話しやすいのか」という気持ちを持つことだ。

じゃあ、どうしたらいいと思う？

具体的に言うと、意見せず、否定もせず、寛容に最後まで「聴き役」になって、相手が「どう思っているのか」「どう感じているのか」「どう考えているのか」「求めているものはなんなのか」「満たしたい欲はなんなのか」

——つまり**「相手の心」を見つめるんだよ。**

相手になりきって疑似体験をするようにね。

会話の途中に「なんで？」「どうして？」「どう思う？」などの質問をされたら、すぐに答えを与えるのではなく、「なんでだと思うの？」「どうしてだと思うの？」「どうしてそう思うの？」など質問をそのまま返すことで、相手は自分で答えを考えるようになるし、相手の内側にある考えや感情を聴くことで心を知ることもできるようになる。

これは先ほど挙げた「オウム返し」というテクニックだが、これも使いようだ。自分の芯がしっかりしていないと、頭を使わない……自分が楽をするだけのテクニックに堕落してしまう。

相手の話を聴いていると「なぜ」が付きまとう。

「なぜそんなことを言うの？」「なぜそんなことをやるの？」

自分から見た「なぜ」に、正しいか正しくないかは後回し。相手にはそうする理由や意味がある。その理由や意味を聴き、理解して、受け入れて、共感できたら、相手の心に寄り添える。

その時、相手のどこを見ているのか——見ようによって相手に対する捉え方が変わり、存在そのものが変わる。

実は、**相手はなにも変わっていないんだよ。自分からの見方で相手は変わるものな**んだ。

聴き方を変えて見るところを心にするんだよ。

自分のものさしで測ってはいかんのよ。そんなもので測っている見方は一方通行。

心を聴くなんて到底できない。

自分の立っている位置を捨て、相手の立っている位置に立って話を聴かないといけないんだ。

「思いやり」を持ち、場の空気をつくり、「理解」し「受容」することで、「愛」が育まれ、お互いの「信じる心」が築かれ、そして「信頼」に結び付くもんだ。

②伝え方

コミュニケーションは聴くだけじゃ成り立たない。

心の伝え方として大事な概念、「I（アイ）メッセージ」と「YOU（ユー）メッセージ」というものについて話していく。

「YOUメッセージ」とは、「あなたは○○」というように、**「『あなた』を主語」として自分の「思考」を相手に伝えるメッセージ**。

意見や「ああしなさい」「こうしたほうがいい」「あなたは間違っている」「こうするべき」などのニュアンスで伝わるメッセージで、「指示・命令」のように捉えられやすいんだ。

たとえば、「○○しなさい」「○○して」などは、たとえやんわり優しく言っても「YOUメッセージ」。伝えている本人（自分）は、そんな気で言っているつもりはなくとも、相手は「指示・命令」されているように受け取ってしまうんだ。

だから、返ってくる言葉は「反発・反抗・落胆」になってしまう傾向が強くなる。

なぜなら、「あなたは○○」と決め付けられ、押し付けられているように感じ、イライラしたり、自分の気持ちを汲み取ってくれていないと思ってしまうからなんだ。

……これ、フラットに考えてみたら、上から目線のように伝えられることはあまりいい気持ちじゃないよね？

今まで君は知らず知らずのうちに、こういう伝え方をしてこなかったかい？

「Ｉメッセージ」とは、「私は○○」というように、**「『私』を主語」として自分の「感情」を相手に伝えるメッセージ**。

これは、「嬉しい」「安心している」「感謝している」「幸せ」などの自分が感じている素直な気持ちを、相手に優しく伝えることができる。

「○○してくれると、私は助かって嬉しいな」
「○○している姿を見ると、私も頑張ろうって思えるよ」
「○○ばかりやっていると……私、心配なんだよね」
「あなたの笑顔を見ているだけで、私は幸せに感じるよ」

自分の感情を伝えているだけなので「指示・命令」とは違ってるよね。

相手側からしたら、決め付けでもないし押し付けでもないので、伝えている側の気持ちを考えること、察することができるようになって、人に優しくできる能力が育まれていく。

やるかやらないかの選択肢は相手が決められる。だから良い方向へと動き出す可能性はグンと上がるんよ。

もちろん、相手の機嫌でやってくれないことも多々ある。でも、「Iメッセージ」を続けることで徐々にやってくれる確率は上がってくるものなんだ。

じゃあ「YOUメッセージ」は悪いことだけなのかっていうと、実はそうじゃない。その良い部分を挙げていこう。

◆承認のYOUメッセージ

「すごい！」「えらい！」「さすが！」と言うより、相手の長所を具体的に認めるメッセージ。

たとえば、「あなたの笑顔いいね！」「あなたは一生懸命頑張ってるね！」。これに「Iメッセージ」をプラスすると効果アップ！

「あなたの笑顔いいね！　嬉しくなるよ！」「あなたは頑張ってるね！　尊敬するよ！」と、単に褒めるよりずっと良くなるんだ。

◆結果、プロセスのYOUメッセージ

「○○の結果良かったね！　すごく頑張ってたもんね！」

この褒め方をすると、相手は「頑張ってたところも見ていてくれたんだ！」と受け取るよ。

◆結果が良くなく、プロセスのみのYOUメッセージ

「○○の結果、思ってたほどじゃなくて残念だったね……あんなに頑張ってたのにね……」

相手は結果が良くなくて落ち込んでいたとしても、プロセスをわかって認めてくれているので「また頑張ってみよう」と前向きになるきっかけができる。

これらに「Iメッセージ」をプラスすると、

「○○の結果良かったね！　すごく頑張ってたもんね！　私も嬉しい！」

「○○の結果、思ってたほどじゃなくて残念だったね……あんなに頑張ってたのにね……私も残念……」

……と、どちらも共感性がプラスされる。

さらに、「次もいい結果とれるといいね！」「次はきっと上手くいくよ！」といった「ほどよい嘘のない期待」をかけてあげると、「期待された通りの結果を出す可能性がある」というもので、本当に次は良い結果が生まれるかもしれない。

これを**「ピグマリオン効果」**と言うが、過度の期待はプレッシャーになりマイナスだから「ほどよく」がポイントだ。

今更言わなくてもわかっていると思うけど、「あなた」より「名前」で言うこと。「存在の承認」を忘れないように。

他に「みんなは〇〇」という「WEメッセージ」というものもある。これは「私は」を「みんなは」に置き換えることで「WEメッセージ」になるんだ。

「私」個人、「みんな」多数とシチュエーションによって使い分けてほしい。

「言語・非言語コミュニケーション」

「傾聴」

「Iメッセージ」

「YOUメッセージ」

これらを使い、より良いコミュニケーションがとれたとしたら、君の周りの人間関係でのトラブルがグンと軽減するのは間違いない。

そうなれたら、君の周りも君自身の笑顔もより増えると思わないかい？

ただし、**聴くも伝えるも、「信頼」なくして語れない。しっかりと相手と向き合って心を聴く。そして、自分から「信じる」を与える。君が否定したり疑ったりして相手を信じないのならば、同じように相手は君を信じない。**

自分が信じていないのに信じろとは、都合が良すぎとは思わないか？

どんなに相手のためになることを言ったとしても、君が信頼されてなかったら相手の心に響かない。どんなに綺麗な言葉で伝えようが、重みがなく受け流される。

たとえ汚い言葉で伝えても、仮に怒ったとしても、相手から信頼されていれば、君の想いは響き、必ず相手のためになる。

まずは、相手を認め受け入れること。

「受容」と「承認」（78ページ）のためには、聴く力を高めることが先決なんだよ。

まあこの本は、言ったらなんだけど、ＹＯＵメッセージだらけなんだけどね（笑）。

「頑張らない」という選択

「『頑張る』ことは素晴らしいこと。でも、『頑張り過ぎ』は良くないこと」

——俺がさまざまなクライエントに言っている言葉だ。

ちょっとわかりづらいかな?

ここではまず、「頑張ること」について、ちょっと考えてみよう。

そもそも「頑張る」って、自分自身が本当はやりたくないことをやっている時に出てくる言葉だよね。

辞書を開くと「一生懸命に努力すること。堪える。踏ん張る」とある。

自分自身が心から楽しいことをしている時、周りからは「頑張ってる」と評価される。けれど自分自身にとっては、単に「楽しい！」って気持ちでやってるんじゃないだろうか？　ただやりたいからやっているだけじゃないだろうか？

周りから見て「頑張っている姿」はとても素晴らしく感じるもので、努力している姿を尊いと想うのは、誰でも同じだろう。

自画自賛として「頑張っている」って認めることも、とても素晴らしいこと。

たとえば、仕事や家事に取り組むとき「さぁ〜、頑張ってやるか〜」ってならない？　そして、そんな時は、本音は「やりたくない」ということが多いんじゃないだろうか。

現実には、頑張らないといけない場面や、やらないといけない事態というのは間違いなくある。

でも、ここで注意だ。

「頑張らない」＝「やりたくないことをやらない／だらける／サボる／なにもしな

い」ではないということを、忘れてはいけない。

「頑張らない」とは、自分自身が「楽しい、ワクワク」などと感じる心になれるよう素直に行動に移すこと。つまり、自分がやりたいことに正直になる選択をして、心が望んだり求めていることを行う時間を持つこと。

頑張らない選択をすることが自分を大切に扱うことに繋がって、さらにそれが心の安定にも繋がってくるんだよ。

君が頑張り過ぎてしまうのは、なぜだろう？

それは、インナーチャイルドとインナーペアレントの働きと、さまざまな経験からの価値観。

インナーペアレントは、自分のことを責めたり、裁いたり、ダメ出しなどをする。自分なりに頑張ったとしても「結果」が伴っていないことで、親から頑張りが足りないような言葉やニュアンスを受けたり、残念がられたり、「結果」だけで評価され、認められなかったりする。

そうした経験から、子どもの頃に認めてほしいという心が満たされないため、また頑張ることを選択し頑張り続けてきた経験が固定観念となっている。だから大人になっても頑張る選択をしている。

もう一つ、俺のさまざまな経験で言うと、その時その時、なにを見て、なにを聴いて、なにを感じたか。それまでに構築されてきた経験からの思い込みが足され、判断基準になり価値観になっている。

これには「他人軸」の価値観も含まれており、どちらにしても、これらの観念や価値観で比較し、そして、君の心の中で「もっともっと」「これじゃだめ」「納得できない」と声を掛けている。

たとえば、他者が一生懸命やっていない姿を見た時、君自身がモヤモヤしたり、不満に感じたり、イラッと感じるのであれば、その「頑張る」という観念が強い傾向にある。

子どもの頃からの経験にある「頑張れ」という言葉が自分を駆り立て、「頑張れば報われる」や「頑張れば必ず結果に出る」と思い込み、自分の思っていた通りの結果が伴わないと「頑張りが足りない」と考えてしまう。そして頑張ることをやめられず頑張り続けることで疲弊し、心も身体も壊してしまうんだよ。

人には向き不向きがあって、たとえどんなに頑張ったとしても成功や達成することが難しいことがある。だって、どんなレースだって、「全員が1位」ということはありえないやろ？

向上心を持ち努力することは、とっても素晴らしい。だけど、自分の本心でやりたくないことに対して頑張り続け、自分を壊すまでやり続けることは、果たして正しいことなんだろうか？

一般常識や社会的なルール、周りの視線などの世間体に縛られ、結果を追い求め頑張り続ける。100％の結果を追い求めるってのは、とても疲れてしまうもんだ。

あくまで結果を求めるのであれば、「60％でも70％でもいい」とハードルを下げればいいんだよ。「頑張りが足りないから」「努力が足りないから」なんて考えないで、自分なりの結果を定め、「これでいい」と寛容的に考えた方が楽なんじゃないのかな。

これは俺の口癖に近い言葉になるが――**人間誰しも100%完璧じゃない。なにかしら欠けているところがあるからこそ、人間なんだろうな。未熟だからこそ成長の余地がある。完璧なんか、求めなくていい。っていうか、完璧なんか目指すなよ。**

だから俺は、こう語りかける。

「君は今までよく頑張ってきたね。そろそろその重荷を下ろそうよ。頑張ることで苦しくなっていたとしたら、君は、自分の本心を抑えてきたのかもしれないし、周りを気にしてきたのかもしれない。もしくは、自分を認めてほしかったから頑張り続けてきたんじゃないかな?」

君に欠けていることは、他者より自分を大切に扱うこと、自分に優しくすること、自分のできている部分を見つめること、「私は私、あなたはあなた」と境界線を引く

こと、リラックスすること、心も身体も休めること……と、たくさんあるよ。

この欠けていることを修正し、自分を変えるには「頑張らない選択をすること」だ。自分がやりたいことに正直になる選択をして、心が望んだり求めていることをやればいい。

たとえば、時にはひたすら寝てもいいし、ダラダラしてもいい。カフェでゆっくりしてもいいし、好きな映画をゆっくり観てもいい——ざっくり言うと「自分時間」を作ることだ。

自分の自由な時間は、自分が成長するために使う一番大切な時間なんよ。やりたいことを素直にやればいいんだよ。その行動が君を成長させる糧となるんだから。

欧米の大企業の成功者をよく見てごらん。バリバリ働くけど、しっかり「自分時間」をとってるじゃないか。

もっと自分の近くの人をよ〜く見たら、自分時間のプロみたいな人がいるかもしれんよ（笑）。

ストレスを減らせば笑顔に繋がる

俺がすすめる「7割頑張って3割頑張らない」っていうのは、「やることはやる。だけど、やらない時はやらない」というスタイルだ。

仕事や家事はやりたくないけどやらなきゃならない。でもその頑張った分、休む。自分のリフレッシュのためにね。

「自分時間」を作り「リフレッシュ」することで、心も身体もリセットされ、やりたくないことにもまた頑張れる気力を見出すことができる。そうすれば結果も効率も良くなる。


心のコップにストレスを溜めこんだ分、自分のための時間を使ってコップの中のストレスを減らさないと、心も身体もキツくなっちまうんだ。

「頑張らない」ことに、ふと罪悪感を感じるとしたら、すでに君は頑張り過ぎている。堂々と頑張らないことを選んでほしい。なにも悪いことなんてないんだから。

寝ないで頑張っているとか、休まないで頑張っていることで自分を満足させているのなら、体力の持つ範囲で頑張り続けてもいいと思う。それはその人の生き方であり充実していることだろうからね。それはそれでいい。

君には君の生き方があり、自分が笑顔でいたいと思う生き方があるはず。「自分」というものをしっかり持って、他人に合わせ過ぎることはないんだ。

「自分が我慢をすればいい」「相手が良ければ自分は後回しでいい」という考え方も、同じように頑張り過ぎてしまう要因なんだよ。

100%を目指すことは、自身を酷使しないとできないことばかり。

自分で自分を苦しめて虐《しいた》げているようにも見えてくる。

それって本当に正解？

はっきり言うけど、**自分を大切にできない人は他者も大切にできない**。

なぜなら、自分に課しているハードルを基準として他者にも当てはめ、高い「期待」をし、自身のイメージした結果にそぐわなければ怒りや落胆になる。それは自身のストレスはもちろん、相手のストレスにもなってしまうからだ。

この面から見ても、「心の余裕」がないんだよね。自分が１００％を目指すことは、相手にもそれを求めてしまう一面があるんだ。

だから、まず「３割頑張らない」ことによって「心の余裕」を持つことができ、相手にも優しく接することができるようになるわけ。


１００％頑張る生き方は「視野」が狭くなるという面もあって、力が入り過ぎた状態になる。

そういう場合、簡単な方法がある。**一旦、椅子に腰掛けて、力を抜いて背もたれに**

身を委ねる。そうすると「視野」が広がる。

肉眼の視野も、人生における視野も、広げることによって見えづらくなっていたものがパッと見えてくる。

大切ななにかが見えてくる。

自分にとっても相手にとっても大切ななにかがね。

頑張ることも、頑張らないことも、どちらも正しいことだよ。今の自分に欠けているものが多いのであれば、努力は必要。頑張り続けてきたのであれば、3割「ふぅ〜っ」と肩の力を抜くことが必要。どっちも正しい。

今までの自分がどう生きてきたのか、今の自分はどうなのか見極めて、その時その時の選択を判断していけばいいと思う。客観視を忘れずにね。

頑張り過ぎてしまう本当の理由と、その対策

「頑張りすぎるな」と言われても、困るかもしれない。

ここでは、君が頑張り過ぎてしまう本当の理由を探っていこう。

物事には表裏がある。つまり、プラスがあればマイナスもある。

この場合で言えば、「頑張る」があれば「頑張らない」もあるっていうこと。

君が頑張り過ぎてしまうとしたら、君自身の中に「しっかりしなきゃ」「ちゃんとやらなきゃ」と頑張り過ぎに結び付いてしまう心があるのかもしれない。

子どもの頃から、親や周りから「しっかりしなさい」「ちゃんとしなさい」「頑張れ」と言われ、しっかりすること、ちゃんとすること、頑張ることが美学となり「当

たり前のこと」として染み付いているわけだ。

確かに、これらは人として必要な要素だろう。

けど、**一人ひとりキャパシティという心の中のコップの大きさは違う**んよ。

「まだ大丈夫」「まだいける」と自分に発破をかけて頑張り過ぎてしまう。心と身体は正直で、キャパオーバーなのに頑張り過ぎてしまうと頭痛やめまい、肩こりや胃痛などさまざまな症状として現れる。

これって声無き声であり、自分自身のSOSなんだよ。

SOSが発信されているのを無視して頑張り続けていると、やがて心が壊れてしまうんだ。

ここで一つ考えてほしい。

君が頑張るのは、誰かに認めてもらいたいから？　違う？

いい子でいることは——親に認めてもらいたい。

社会に出て仕事をしたら――上司や部下、同僚、顧客に認めてもらいたい。
結婚したら――「いい妻」「いい旦那」になろうとし、パートナーに認めてもらいたい。
親になったら――「いい母親」「いい父親」になろうとし、周りの人に認めてもらいたい。人として間違っていないと認めてもらいたい……。
君の中にこれらの思いが存在していないだろうか？

先に、人には「他者承認欲求」があるって言ったよね。他者からの評価で自分の存在価値を認められたいという欲求だったよね。

これ自体は必要なものだけど、度が過ぎると「しっかりしてちゃんとして、そして頑張っていないと自分を認められない」って呪縛に囚われてしまう。なにかできないことがあると「自分はダメな奴」なんて考えてしまい、「自己否定」に繋がっちゃうんだ。

なぜって、「できない奴は『ダメな奴』と評価されてしまう」という考えを自分の中に持っているからだよ。

この呪縛が強いと、とても厄介なもので、自分で自分を攻撃してしまう。「もっと頑張らなきゃ認められない」「『ダメな奴』と思われたくない」と、頑張り過ぎて、心や身体に不調を来《きた》し病んでしまう。


この心理が厄介なのは、もう一つのキーワード、「集団欲」という「群居本能《ぐんきょ》」も絡んでいるからだ。

人間は一人では生きていけない、孤独には耐えられない生き物なんだ。物理的な孤独にも、精神的な孤独にも耐えられないんよ。

「群居本能」と言うと難しいけどさ、簡単に言ったら「みんなと一緒」。


わかりやすくなったかな？

個々人によって違いはあるけど、視野を広くとって《人間》という生物として観察すると、「人とは違う」と思うことを基本的に嫌う。安心・安全が脅かされるからね。特に、日本人の美徳とされる「協調性を重んじる『和』の文化」も絡んでいるんだろうな。

別のところでも書いたけど、「おもてなし文化」っていうのも、自分ではなく「相手ありき」だよね。

他者の目を気にして、他者からの評価を気にする。だから、いい評価をしてもらえるように、自分を認めてもらえるように一生懸命頑張る。そして、頑張り過ぎてしまう。

「頑張る」ことが自分の存在価値を決めているように錯覚しちゃってるんだよ。

また、少し考えてほしい。自分ではない君の大切な人が頑張り過ぎて心や身体を壊していたら、なんて言う？

その人が自分を保つために「3割頑張らない」ことを選択していたら、その人の存在価値は変わるのかい？

君は大切な人に対して、行動から結果を見て評価し、存在価値を決めるの？

これを考えて出た答え――それが、本来、君が求めている「どうしたい」「どうしてほしい」の考え。つまり「本心」なんだ。

子どもの頃からの親からの影響、環境や経験、欲求、倫理観などが複雑に絡み合い君の当たり前という価値観になり、こうあるべきという「理性」となって、本心に蓋をして我慢し、無理をしてしまってるんだ。

簡単に言うと、自分の言いたいことを我慢するとか、やりたいことを我慢するというのも本心に蓋をしてるってこと。人間の言葉や態度には「本音」と「建て前」があるけど、本音ばかり、建て前ばかりでは、いい人間関係は結べはしないよね。

大事なのは「バランス」なんだ。

自分の中で建て前ばかりじゃバランスが保たれなくてストレスとなり、自分とのいい関係は結べはしない。周りと上手くやってくのもバランス。自分が我慢して自分を疎《おろそ》かにしているとストレスは溜まっていく一方。だから、「7割頑張って3割頑張らない」ことで自分を大切に扱うことが重要になってくるんだ。だって、我慢ばかりして心も身体もパンクしたら、なにも楽しいことができなくなっちまうじゃんか。

その「責任感」に縛られない方法

「頑張らない」＝「休憩、休息」。この等式を、まず理解してほしい。

休憩、休息しないと人は生きていけない。「休む」ことは生きてく上で肉体的にも精神的にも必要不可欠。

まあ、それは俺に言われなくても、誰もが当たり前に知っていることだよね。

でも、わかっているのにもかかわらず休むことに罪悪感を感じたり、『ダメな奴』と思われたくない」といったような、自分の評価が下がる観念を持っていたり……。

俺自身、何人もそういうクライエントを見てきた。

それって――「責任感」が絡んでいるのかもしれんよ？

学校に行かなければならない。家事をしなければならない。仕事をしなければならない……。

つまり「いい子でなければならない」「いい母親、妻でなければならない」「いい父親、いい旦那、いい社会人でなければならない」。

これらも他者からの視線や世間体を重視していて、自分をあまり意識していない発想なんよ。

視点を変えると、バランスがとれていない。

24時間365日神経を張り詰めていたら、どんな人間だって壊れちゃうよ。いわゆる**「ワーク・ライフ・バランス」（仕事と生活の調和）は、絶対に必要**なんだ。

日本人には、働いていない時間を悪いことのように思う人が少なくない。

待てよ。休憩や休息といった回復のための時間は悪いことか？　心や身体が疲れたら寝る。気分転換する。リラックスする。それらによって回復を図るのは、むしろ責任を果たすために必要なこと。

それこそ皆、当たり前に休んでるんだよ。大袈裟に言うけど、筋を通して堂々と胸を張って休めばいい。っていうより、「休まなくちゃいけない」「休むのは義務」なんよ。

体力を使って「疲れてる」と感じるのも、身体のＳＯＳ。これを無視して頑張ると心まで疲れてしまう。それでもまだ頑張ろうとするから心も身体も壊れるんだ。

一旦壊れてから元に戻そう、治そうとする方が、壊れる前に治すよりも時間がかかる——なんてことは、自明の理だろ？

しっかり休んで心も身体も充電してさ、それからまた7割頑張った方が、効率がいいと思わないか？

まあ、現実問題としては、たまに120％頑張らなきゃいけない時ってのはあるさ。でも「毎日100％頑張る」って格好いいかもしれないけど、そうそう心も身体も保てるもんじゃない。っていうか、無理無理。絶対無理。

3割頑張らないこと。それが120％頑張らなきゃいけない時のための「予備」になるんだ。

だから、**しっかりと休むことが大切なんだ。心も身体も万全を期すために3割頑張らないこと**を、俺は皆にすすめてる。

基本的に「頑張り続ける」というのは、「ずっと重いストレスを抱きかかえ歩き続けている」ことと同じ。

ストレスを解消しようと思っても、頑張り続けているとそのチャンスは限りなく少ない。だからこそ、頑張らないことで余裕を作り、「ストレス発散」の隙を作り、心がワクワクするようなことをしなきゃダメなんだ。

頑張ってる時、頑張らない時のメリハリをつけていても、文句や意見を言ってくる奴がいるかもしれない。「毎日100%頑張ることが美学！」みたいに思ってる人ね。だけどその人に影響を受ける必要はない。

なぜなら、そういう人ほど結構しっかりと自分を休ませて遊んでる。よく観察してごらん。矛盾ばかり見えてくるからね。

とりあえずは意見を聞いて、筋が通っていて自分のためになることは受け入れ、自分のためにならないことなら「今の自分には必要ない」と切り捨てればいい。そう、しっかりと境界線を引けばいいんよ。

言い方は良くないけど、「言いたい奴には言わせておけばいい」んだ。だって、そいつらは君の人生を肩代わりしてくれないだろ？

そして、君自身の「自分軸」で判断すればいい。

君は、誰にも迷惑をかけたくないと思ってる？

そう思ってる人ほど、頑張ることを選択せずに、頑張らないことを選択することが大切だよ。心と身体が言うことを聞かなくなった時の方が、周りの人に迷惑をかけるんだから。

自分は自分にしかコントロールできない。心の声も身体の声も、自分にしか聞こえない。頑張ってる時ほど「まだいける」「まだ大丈夫」となりがちだから注意。「今の自分はどうなのか？」を、客観的に見なきゃね。

「頑張ることは素晴らしいこと。でも、頑張り過ぎは良くないこと」を理解し、意識してやるといい。

「他者にどう思われるか」じゃなく、「自分がどう思うのか、どうしたいのか」にフォーカスして、バランスをとってやっていくことが大切なんだよ。

いろいろ書いてきたけど、一言でまとめてしまえば、簡単な話だ。

3割頑張らないことが「君のキラキラした明るい笑顔」に繋がる。

ただ、それだけの話。

期待をストレスにしてしまわないために

「現代社会はストレス社会」と言われるくらい、俺たちの心は多種多様なストレスにさらされている。

だから、ストレスを軽くする方法を知っておくことも大切。

ストレスを感じる一つの原因に、「期待」がある。**期待というのは良いものだけれど、自分の思い通りにならなかった時、それはストレッサー（ストレス源）になりうるんだ。**

たとえば「信じていた人に裏切られる」「失望する」「結果が伴わない」……など、

イライラしたり、落胆したり心を左右される。

そう、相手には結果を求め、自分では「相手にこうなってほしい」「こうしてほしい」という願望が「期待」となっているんだ。

君自身が、最近イラッときたことを思い返してみてほしい。それは「誰かに対して『期待』したこと」の裏返しじゃないかな?

子育てにおいてだと、よくママさんは自分を犠牲にして子どもに尽くすことで見返りのような結果を求めがち。これも「期待」してるってこと。

ちょっと考えてほしい。**相手に期待をする時、君の中ですでに具体的な結果のイメージが出来上がってないかい?「こうなるだろう」「こうするべき」みたいなものからね。**

たとえば、「〇〇しなさい」「〇〇して」でも自分の願望になっているよね。そのイメージは、君の「ものさし」で勝手に決め付けている結果だよね。

【PART1】で、「他人と過去は変えられない。しかし、自分と未来は変えられる」という言葉を紹介したよね（76ページ）。

これは、他者はコントロールできないが、自分にはできるっていうこと。

そして、君にとっての「当たり前」は相手にとっては違うかもしれない。っていうこと。

しかも期待を押し付けることは、相手にプレッシャーを与えることにもなる。相手は期待に応えようと頑張り過ぎてしまうかもしれないし、頑張ったのに結果が伴っていないからと叱責《しっせき》され、落胆されたら相手もストレスを抱えてしまう。

Iメッセージ、YOUメッセージのところで述べた「期待された通りの結果を出す可能性がある」というピグマリオン効果を使ってもいいが、こちら側の期待は「こうなったらいいな」くらいの軽い希望に留めておいた方が平和なんじゃないかな。

――だからさ、**あんまり期待ばっかりしないで、相手の価値観を尊重し任せる姿勢**

でいることが大事なんよ。

逆に期待に応えようと頑張り過ぎてしまう側だったら、「できないことはできない」とはっきり断ることが大事。断ることができないと、どんどん期待され頑張り続けなくてはならなくなるからね。自分を守るために「NO」と断る勇気も必要なんだよ。

断って関係性が悪くなるかもしれない。だけどさ、断ったくらいで壊れるなら元々たいしたことのない関係性なんじゃないのか？　そういう人とは境界線をしっかり引き、自分にとって必要な人なのかどうかを見極めた方がいい。いい人ぶるほど君は疲れてしまうよ。

まぁ、相手が理不尽でストレスを感じることもあると思う。カッチーン！　って頭にくることもあるよね。言い争いや喧嘩に発展することもあるだろう。

そうなると、終わった後はどっと疲れるもんだ……。

心友同士が腹を割って本音でわかり合えるなら、それは「いい衝突」だ。だから、全ての衝突が悪いってわけじゃない。溜まっているストレスを発散し合える関係性は大事にしよう。

だけど、どっちが優位に立ちたいとか、言いくるめたいとか……まぁ、そんな関係性だったら、できる限り言い争いや喧嘩はしたくないよね。

じゃあ、どうやって対応すればいいんだろうか？

それは、簡単に言うと**「相手の土俵に上がらない」**。

つまり、相手にしないってことだ。まさに単純。

相手の理不尽な言動が頭にきても、「この人の考えはこうなんだな」と捉えてみる。

それはある意味、「一旦わかってあげる」ってことだ。

もしくは、同じように捉えてみてから、「まぁいいか」「仕方ない、しょうがない」など心の中で受け流してもいい。

これは、**いい意味で「諦める」ってこと**。

「諦める」というのは、「捨てる」ってことじゃない。元々、この言葉は「明らかにする」という意味を持っていたんだそうだ。

明確な根拠もなく「期待」するんじゃなくて、可能なこと・不可能なことを、しっかり明らかにしていく。そうすれば、今よりずっとストレスは減るんじゃないかな。

行動に移すことが怖い……

「目標を達成できたら素敵。でも行動に移すことが怖い」っていう人がたくさんいる。「チャレンジしても失敗するかもしれない。今までの人生、自分は大きな挑戦なんかしてこなかったから、壁の乗り越え方なんかわからない……」というふうに。《成功体験》、つまり「目標達成している経験」が無いと、挑戦しづらい……っていう気持ちは、俺もわかる。

突然だけど、君は自転車に乗れるかい？　乗れるなら、子どもの頃、自転車の練習で初めて補助輪を外した時のことを思い出してみてほしい。

一文ずつ3〜5秒くらい空けて、イメージしながらゆ〜っくり読んでみて。

＊

あなたは、保育園、幼稚園もしくは、小学校の低学年くらいかもしれない。あなたは今、補助輪なしで自転車に乗る練習をしようとしています。

今、どんな気持ちですか？　ワクワク？　ドキドキ？　それともビクビクしているのかもしれませんね。さまざまな感情が入り乱れているのかもしれません。

あなたは、自転車に乗れるようになりたい一心でいます。

自転車の後ろを持って支えてくれるのは、あなたが心から信頼している人です。

あなたは、自転車にまたがったものの、転ぶことがとても怖くて堪《たま》りません。

あなたは、その人に、「手を離さないでね！　絶対離さないでね！」と必死に訴えています。

補助輪を外しただけなのに、ビクビクしていてペダルを力強く漕《こ》げません。

ハンドルもフラフラ、体のバランスも安定していません。

「怖い！　転びたくない！　ちゃんと持ってて！　離さないで！」と、とてつもなくでっかい声で必死です。

あなたは、生まれたての小鹿のようにブルブルしています。

今にもガッシャーンと転びそうです。

初めて漕ぎ出してからどのくらい時間が経ったのでしょう……。

まだフラフラしているものの、なんとかバランスを保つことができてきました。

でも、まだ必死に「離さないで！　ちゃんと持ってて！」と、とてつもなくでっかい声で訴えています。

あなたの信頼しているその人は、「ちゃんと持ってるよ！　大丈夫！　ほら！前見て！」と、あなたに負けず劣らずのでっかい声で必死です。

「ほら！　もっと漕いで！」「大丈夫！」「上手い！　上手い！」「頑張れ！」「できるようになってきてるよ！」と必死に勇気づけ、応援してくれています。

そしてあなたは、その人の応援の甲斐もあって、よりペダルにグッと力が入りバランスを保つことができてきています。

でも、まだ自信がなくて怖い……。

「ちゃんと持ってる!? 離さないで!」と、はたから見たら面白いくらい必死です。

その人は勝手にすっと手を離しました。「持ってるよ! 大丈夫」とさっきより声が小さくなっています。嘘をついていたのかもしれません。

そしてあなたは派手にガシャン! と転びました。手はビリビリするし、足は擦りむき、自転車が体にあたり、そこらじゅうがジンジン痛みます……。

あなたはその時、痛くて泣いていたのかもしれませんし、その人に怒っていたのかもしれません。

その人が一目散に駆け寄ってきて「大丈夫？　痛くない⁉」と心配しています。

あなたは痛くないはずもなく、血も出ていたかもしれません。

「大丈夫！　まだやれるよ！　もう少しで乗れるようになるから！　頑張って！」と、その人はこれまた必死に励ましています。

あなたは痛いし怖いし、「もう乗りたくない」という気持ちがあったかもしれません。

だけど、「乗りたい」というまっすぐな気持ちが勝り、練習を続けます。

あなたは、転んでは痛くて心がめげそうになります。それでもその都度励まされ応援され、再び自転車にまたがります。

そしてまたガシャンと転び、また乗る……とチャレンジを何度も何度も繰り返し——やがて、スイスイと進めるようになりました。

その人は「乗れてるよ！　やったね！　すごいすごい！」と褒めてくれています。

あなたは、ワクワクドキドキ。

まだ少しビクビクしてるけど、自転車に乗れて、さわやかなやさしい風を感じ、溢れんばかりの嬉しい気持ちで心がいっぱいになっていることでしょう。

とてもハッピーな嬉しい気持ちのあなたの顔は、どんな表情になっていますか？

後ろで支えてくれた人の顔も、どんな表情になっていますか?

自転車に乗れた時、さっき転んだ時の痛みは、どこかに行ってしまったようになっていませんか?

＊

……君は自転車に乗れたことが嬉しくて、ブレーキのかけ方を忘れてまた転んだかもしれない。でも、乗れたっていう事実と嬉しさもわかっているから、怖さに負けることなく自転車に乗れたんだよ。

一人で乗れるようになってからも、たまには転んだかもしれない。

それでも乗り続けることができたから、当たり前のように特になにも感じずに今自転車に乗れてるんだよね。

今、初めて補助輪を外した自転車に乗った時の感情になれるかい？

――そう、**君の中に「何度も何度も転んで傷ついてもチャレンジして乗り越えてきた経験」はあるじゃないか！**

これこそ、「目標達成している経験」なんだよ！

転んで痛くて心がめげてやめていたら、君は今、自転車に乗れてないんだ。

自転車に乗れてることがゴールであれば、何度も何度も転んだのはプロセスやろ？

ゴールを成功としたらさ、チャレンジしなくちゃ成功もなにもないんだ。

これは自転車以外の、どんな体験でもいい。漢字を覚えたとか、25メートル泳げたとか、テストで100点とったとか、卓球で1分間ラリーが続いたとか……本当に、なんでもいい。たくさん探してみてよ。「なにも無い」ってことはないからさ。

成功体験は、君の中にある。

思い出せば思い出すほど、感覚が研がれ、そして磨かれる。

そして自信がついてくる。

挑戦に恐怖が付きまとうのは当然の心理

「チャレンジする」って、とても勇気がいるものさ。だって、経験がなかったり、成功が見えてないことには、自身の防衛反応として頭が勝手に考えてしまうもんだからね。ワクワクやドキドキを感じ、不安や恐怖も感じてしまう。だから動き出さないと拭《ぬぐ》いきれないものなんだ。

たとえば、お化け屋敷。最初はどんな怖いことがあるのかわからない。

でも2回、3回……と、出た途端すぐまた入り口から入ってみなよ。10回やったら、どこにどんなお化けがいるか、どんなビックリがあるのかわかってるから、初めて入った時よりもそれらの感情は半減するんじゃないか？

不安や恐怖は、こんな感じに軽減するものなんよ。

今の君は、自転車にまたがる前なのかな？　フラフラ走り出しているところかな？　何度もすてんと転んでるところかな？

お化け屋敷で言えば、まだ入る前？　3回くらいやってきたところ？

——こんなふうに当てはめて、自分の位置を確かめながら、「あと○○回！」とカウントダウンするようにして、「あとどれくらいやればいいのかな」がわかれば、絶対にチャレンジしやすくなるよ。

もし、一人で不安や恐怖を拭えないんであれば、自転車の後ろを持ってくれたような信頼できる人を見つけて、その人を頼ろう。

「自転車の後ろを持ってくれた信頼できる人」は、今はもう違う人かもしれない。けれど、パートナーや友達だったり、俺のようなカウンセラーでもいいから、勇気づけてもらえばいいんだよ。

人間は一人では生きていけない。助けてもらいたかったり、手伝ってほしいことがあったら、信頼できる人に言って頼ることが大切なんだ。

チャレンジだけじゃなく、迷いや悩みを愚痴ったり相談することも、思う存分すればいい。

そこにプライドみたいなものが邪魔をしていたとしたら――はっきり言っていらないもんだ。それが自分を生きづらくしていることに気づかなくちゃいけないな。

こんな話をすると「相手に依存してしまいそう」って心配する人がいる。

なるほど。でも、ちょっと待って。「依存」って悪いイメージに聞こえてしまうけど、そうじゃない。過剰な依存は間違いだけど、相手のことをしっかりと見られて、いい距離感でいられる関係性の依存は必要なんだ。

子どもで言えば「甘える」。でもこれ、大人で言えば「頼る」なんだよ。

「依存」っていうのは、過剰じゃない限り、必要なことなんだよ。何度も言うけど、人間は一人じゃ生きていけない。人は頼り頼られ、支え合って生きていくものだからね。

お互いの心をハッピーにできる、仲のいい親と子、夫婦や恋人、親友などの関係性が「いい依存」なんだよ。しっかりとバランスを見極めれば、「依存はしていいものだ」と考えていいんだ。

一人で全て抱え込んで動けないことの方が間違ってるんだ、と気づいてほしい。

もし現状が苦しくキツかったら逃げていいんだよ。ただ、逃げたまま止まっていたら君は何も変われなくなる。

「逃」という字をよく見てごらん。

部首である「辶（しんにょう）」には「道」や「歩く」という意味がある。

その中に「兆」がある。

送り仮名の「し」をつけてごらん。「兆《きざ》し」だよね。
兆しに「扌（てへん）」を付けたら「挑」。送り仮名に「む」で「挑《いど》む」。
逃げたら手を伸ばし、兆しを掴みに挑むんだよ。いわば「チャレンジ」さ。
「挑むために逃げる」。それだって立派な行動の一つなんだからな。

身体と心のリンクを知ろう

次に、身体の使い方で心を楽にする方法を教えよう。

「『心のトリセツ』なのに、身体の話なの?」って思うかもしれない。

でも、昔から「心身一如《しんしんいちによ》」と言われるように、身体と心は密接に繋がっている。そもそも、脳っていうのは身体の一部だからね。

①笑顔の効果

「怒り」はストレートな感情で、きっかけがあったら、パッと瞬間的に発しているように思える。

だけど実は、その前に**「残念、がっかり、寂しいなど」の気持ちがあった上で怒り**

の感情が出てくる。

怒りにはプロセスがある。それを理解すると、自己をコントロールしやすくなる。


一般に、「パッと発する怒りのピークは6秒」と言われている。

だから、この6秒という時間を経過させてしまえばいい。

6秒なんて、「怒りの感情に隠れている気持ちはなんだ？」「これは、自分の期待がそうさせてるのか？」と考えてるうちに過ぎるだろう。

あるいは怒りのレベルを数値化してみるのもいい。「普段が0で、ブチギレが10だとしたら、この怒りはいくつなのか？」と考えてるうちにも、6秒なんて過ぎてしまう。もちろん、単純に心の中で6秒までカウントしてみてもいい。

あとは、「怒る場面なのか、場所的にどうなのか？」と考えてみる。「うーん？」と考えてるうちに、怒りのピークは過ぎてしまうよ。


相手に対して怒るにしても、自分の想いや価値観の違いが気持ちに表れ、怒りの感情になる。**一方的な価値観の押し付けはトラブルの原因、「ＹＯＵメッセージ」になる。**自分の価値観をわかってほしいなら「Ｉメッセージ」で伝えることだ。

そして、表情も大切。眉間にしわを寄せていたり、落胆して寂しい、苦しい表情ばかりをしているとメンタルのバランスはとれない。

「一番いいのは笑顔」なんて言わなくてもわかると思う。いつも笑顔を絶やさなければ心は安定するだろう。なんと、笑顔には免疫力を上げる効果もあるんだ。これはもう、活用しないのは損じゃないか？

とはいっても、日常生活の中では、わかっていてもなかなかできないもの。

でも実は、「作り笑い」でもリラックス効果はあるんだ。

試しに、しかめっ面や怒った顔などを感情抜きで10秒以上してごらん。

な〜んか胸の辺りがモヤモヤしてこないかな？

人間は、表情ひとつで心を操作されてしまうものなんだ。

だからネガティブな時には、ちょっと鏡を見てみよう。表情がネガティブを増幅している可能性大だから。

では次に、感情抜きに口角を上げて目尻にしわを寄せて10秒以上笑顔になってごらん。さっきの胸の辺りの感じとの違いがわかるかな？　スゥ〜ッとしないかな？ふっと軽くなる感じっていうのかな。

これが、心がリラックスしている感じなんだ。たったこれだけでも心が楽になる。

君が笑顔になることで、君の大切な人も笑顔にできる。

——ということは、その大切な人の返してくれた笑顔で、君もまた笑顔になれるってことだよね。

そう。笑顔は連鎖するんだよ。

②深呼吸によるリラックス効果

自分をコントロールする方法として古代から行われてきた方法の一つに、「呼吸」

がある。

人間の身体の働きには、随意運動と不随意運動がある。

随意運動は、手や足などを自分の意思で動かす運動。

不随意運動は、心臓の鼓動など、自分の意思では動かせない運動。

呼吸というのは、随意でも不随意でも動かせる、唯一の運動——そして、意思によって無意識レベルにアクセスできる運動なんだ。


だから、**呼吸を使って積極的に自分をコントロールしていこう**。

心がダウンしている時は大概、呼吸が浅くなっている。焦りや迷い、悩みがある時は呼吸が浅く神経が緊張し、リラックスできていないんだ。


これも試してみてほしい。全力疾走した後のように、小刻みに「はあっはあっはあっはあっ」と10秒以上荒く呼吸してごらん。

これも、なんとなく心がイヤな感じになるんじゃないかな?

このように、荒い呼吸もネガティブを増幅してしまうんだ。

では次に、深〜い深呼吸をしてみよう。
まずは息を吐けるだけ吐いて〜ふぅ〜
ゆっくりと息を吸って〜すぅ〜
ゆっくりと吐いて〜ふぅ〜
さらに大きく息を取り込んで〜すぅ〜〜
ゆ〜っくり吐いて〜ふぅ〜〜
最後に大〜〜きく息を吸って〜〜すぅ〜〜
ゆ〜〜っくり吐いて〜〜ふぅ〜〜〜〜

そして、次第に普段の呼吸に戻しても深く息をするように意識してやってみて。
どうだろう？　深い深呼吸をゆ〜っくりとしていくことで、心がふぅ〜っと軽くなったんじゃないかな。ポイントは吸った時間の倍の時間をかけて吐くこと。

このように、1円もお金のかからない「笑顔」と「深呼吸」だけでもリラックスできて、心をふわっと楽にすることができるんだよ。

そして、自在にリラックスできることで「心の余裕」が生まれるんだ。

最初はそれらを意識してやること。そしてやり続けることで、段々と意識しなくても自然にできるようになる。

毎日続けていって習慣化してしまえば、知らないうちに「心の余裕」を持っている状態が当たり前になっていくんだよ。

③正しい姿勢による効果

もう一つ、自然に「心の余裕」が作れる方法として「姿勢」がある。

迷いや悩み、心がダウンしている時ほど、目線が下向きで、肩が前に出ていて姿勢が悪いもの。

脳と身体は連動してるから、これも顔と同じで心には良くない。姿勢をビシッとして胸を張って目線を上げるだけで、心が安定してくるものなんだ。

試しに正座してごらん。ビシッと姿勢が良くなるからさ。正しい姿勢は字のごとく姿に勢いを増す効果があるんだよ。

これらをやるにあたって、君の中に「しっかり」「ちゃんと」と考えてしまう癖があったとしたら、力の入り過ぎでリラックスできないんだよ。

もし君にそんな癖があるのならば、**「ゆったりゆったり」と意識して、「いいかげん」を心掛けてみるといいよ。**

真面目な人に時々見られるんだけれど、「しっかりとリラックス！」「ちゃんとリラックス！」なんて気合入れてやってたら到底リラックスできないからね。

何事もバランス！

「し過ぎ」が付いた言葉に、いいことはない。

肩の力を抜いて7割でやることを忘れずに。

価値観をぶつけ合わずに、理解し合う

実は、そもそも人の《悩み》というのは、大きく分けて３つに絞られる。

①人間関係
②健康
③お金

君がこれまでの人生で悩んだことは、いろいろあるだろう。でも、整理していけば、どれもこの３つに集約されるんじゃないだろうか？

ということは、この３つの対策ができれば人生はパッと明るくなってくるはずだね。

これらをスムーズにする方法を教えよう。とはいっても、それはここまでのページにちょいちょい記してあるのだけれど。

それは**「価値観をなるべく理解すること」**だ。

ここで言う「価値観」とは、自分の中の善悪の判断基準。

物事の捉え方や優先順位だったり、なにを大切にしているのか、想っているのか、なにに価値を認めているのか——そして、そこから言動に繋がる動機となっているもの。

たとえば、「愛」「お金」「子ども」「親」「パートナー」「友達」「仕事」「学校」「勉強や学歴」「地位や名誉」「権力」「健康」「趣味」など、一人ひとり優先順位は違うだろうし、大切に想っているものも、考え方も違うだろう。

つまり、「自分の価値観と他者の価値観の違い」が自分自身を苦しくしたり、他者を苦しめたり、トラブルの要因になったりしている。

この**価値観というものは、一人ひとりオリジナル**と捉えていい。

なぜなら、人それぞれ「経験」が違うから。育ってきた環境、人との出会い、その時その時の状況、立場など……一人ひとりオリジナルで、同じ経験は存在しないからね。

厄介なことは、この**価値観に100%の正解も不正解もない**ってこと。

自分自身のさまざまな経験が信念となり「当たり前」ということになってるんだけれど、それぞれ自分にとっては「正義」となっていて、他者も同じく――別のことを「正義」としている。

「常識で判断すればいい」と言い出す人もいるけど、一般常識なんてものも時代時代の社会通念で違うことばかり。100%の正解も不正解も、どこにもない。

個人個人であれば喧嘩だけど、国レベルになれば戦争になる。

その国にはその国の「思想」や「正義」がある。それをぶつかり合わないようにすることが「平和」だ。

たとえば、話し合いを通して相手の価値観を全面的に認めたとしよう。それでも、単純に「自分の価値観が１００％間違っていた！」とはならない。

それが、価値観の相互理解。

ここまでわかっていれば、無駄な体力を使わないで済む。

……じゃあ、具体的にどうしたらいいと思う？

「許す」のところ（１３３ページ）や「期待や怒り」のところ（１７８ページ）で述べたことの重複にもなるけど、それは**《許す》――つまり、気持ちの寛容さを持つこと**。

自分の価値観を押し付けないこと。

相手の価値観を頭ごなしに否定しないこと。

相手の価値観に合わせるのではなく、その価値観に歩み寄る姿勢をとること。

その考えが理解できたら受け入れてあげること。そして、お互いが「平和」でいられるように、本音で言い合える仲でいること。

お互いの価値観を尊重し合うこと。


自分の価値観を押し付けることとは、相手をコントロールしたいという気持ちの表れであって自分本位そのもの。

「相手のことを良くしてあげよう」とか「ケガや失敗をさせないように」といった想いは、100％の善意であっても、相手の意思や価値観をあまり考えていない独りよがりな行為。

相手の価値観を頭ごなしに否定するってことは、「君は間違っている。自分の方が正しい」と言ってるようなもんだ。

これって自分の方が物事を知っているとか、親だからとか、上司だからとか……立場が相手より上のように思っている時に、やりかねない行為だね。

注意してほしい。これは「人格否定」になってしまうこともあるということを。

だから、相手の立場になって考えることが必要なんだよ。これは本当に言い争いや喧嘩に繋がりやすいから、注意が必要だ。

じゃあ、相手の価値観を全面的に受け入れたらいいのか？

そうじゃない。

相手の価値観に合わせることは、自分を我慢させているってこと。もっと過度になると自分を押し殺してしまっていることもある。

そうしてばかりだと、自分はストレスが溜まる一方なんだ。ストレスが溜まり過ぎていくと、どうなるかわかるよね。

相手の価値観に歩み寄る姿勢は、相手の立場になってわかってあげようという姿勢。相手の価値観を理解できたら受け入れればいい。だけど、理解できないなら無理して受け入れることはない。

「この人の価値観はこうなんだな」と割り切り、いい意味で諦めればいい。自分の価値観と相手の価値観に境界線を引くことも大事なんだ。

相手に合わせて生きるというのは、先に述べた「他人軸」で生きるってこと。「他人軸は生きづらい」というのは、すでに学んだ通り。

自分らしく生きる「自分軸」を意識していこうよ！

大切な人のために、その一歩を踏み出せばいい

お互いが本音を言い合える仲。
相手の価値観に歩み寄る姿勢。
お互いの価値観を尊重し合えること。
そのために必要な要素は、なんだろう？

それはやっぱり、「愛」じゃないかな？
人と人との繋がりは、「愛」なくして語れない。「愛」があるからこそ、「笑顔」になれるし、お互いに尊重し合えて、人として成長できるんじゃないのかな。

お互いを「理解し合い」「尊重し合う」。日本語を古代まで遡《さかのぼ》ると、「合い・合う」と「愛」は、同じ語源なんだそうだ。

人間は一人では生きていけない、孤独に耐えられない生き物だ。君の愛の対象者は子どもなのか、パートナーなのか、親なのか、友達や仲間なのかはわからない。けれど、孤独を心で感じていなければ、人間関係、健康、お金という「悩みの三大原因」だって乗り越えることができるんじゃないかな？

——つまり、**人には「心の支え」が必要**ってこと。

一人でなんでも抱え込んで、一人で頑張り続けて、誰にも頼らずなんとかしようと無理して苦しくなる。それは当たり前の法則。

プライドかなにかがブレーキをかけていて、自分を出せないんか？　負けず嫌いなんか？　意地っ張りなんか？　弱い部分を見せたくないんか？　そうせざるを得ない状況や環境なんか？

どれでも同じさ。

そんなものは気にすんな！　思い切って、一旦捨ててくれないかな？

みっともなかろうが、惨めだろうが、弱かろうが自分だろ？

いいじゃんか、そんなだって。

１００％完璧な奴なんていないいんだし、誰しも迷いや悩みは経験してるだろうし、多少なりとも持ってるものだろう。

自分だけじゃないんだから、堂々と胸を張れよ。人を嘲笑《あざ》う奴は放っておけばいいんよ。わかってくれる奴は絶対にいるから心配しなくていい。

君は「変わりたい」と思ってるかもしれない。でも、その《～～たい》という語尾は「願望」だから、「行動」に移さないと変われない。

だから**「変わるか、変わらないか」「やるか、やらないか」でしかないんだ。**

一歩踏み出すことは、怖いかもしれないし、不安になるかもしれない。だけど、溜まっているストレスを軽減するには、愚痴ったり、相談したりが一番の方法なんだ。

一人でストレスに立ち向かい、答えが一つしか見えなくても、吐き出して話してごらん。すると、《話を聞いてくれた人の見解》が一つは増えるよね。自分の答え1と、相手の見解1を足して2になる。その2を割ってのいいとこどりで、3つ目の選択肢ができてくる。

そして、そのストレスの原因である物事には、必ず終わりがある。
明けない夜はないし、止まない雨もない。
そう、どんな物事にも、絶対に終わりはあるんだ。
だから、頼れる人を頼って助けてもらおうよ。
わかったかな?

それから、ストレスを溜めていいことはないんだから、抱え過ぎているもの、背負い過ぎているものを軽くしてしまおう。

今、君は大きな悩みに直面しているかもしれない。けれど、手も足も出ないわけじゃなく――なにか止めているものがあるかもしれない。簡単にやれることが、実はあるのかもしれない。

これから言うことを、真剣にイメージしてみてほしい。

君の命は、あと3日しか残っていない。
悔いがないように、やり残したことがないようにしたい。
君はなにをする?
大切な人に、どうしたい?

しっかりとイメージできるまで、深く自分に問うんだ。
目を瞑《つむ》り心に問うんだ。

命が3日しか残っていない時にできることが、なぜ今できない？

君の心はどう生きたいと想っているのだろうか？
その答えは、そこにある。

君の生きたいと想う、その答えはそこにある。

この本を通して

君の「これから」の手伝いができたとしたら嬉しく思います。

自分にとって足りていなかったこと、欠けていたところに気づくことができたかな？

もし読み返すのであれば、あらゆるところの「ハテナ」の問い掛けをその都度じっくりと自分に当てはめながら読んでみてください。

また違った「気づき」が見つかることも多くあると思います。

大事なことを何度もしつこく書いてあるので、読めば読むほど脳にインプットされ、記憶されてくるので2回、3回と読み返すことを、この場でおすすめしておきます。

では、この本のまとめのようなことを話していくよ。

この本では、「思考と感情」の向き合い方や、考え方、どうしたらいいのかなどの基本的な方法を書き綴っているんだ。シンプルに言うとそれだけ。

よりもっと詳しい心理学は、俺には本一冊じゃ書ききれないしね（笑）。

まぁこの本を通して言うと、**ズバリ、人は「思考と感情」のバランスがずれていると問題が起こる**。そういうこと。

なぜなら、「思考、感情、言葉、行動」の足並みの方向が揃っていないと矛盾が起きて、心も身体もバランスがとれなくて支障を来す原因となるから。

簡単に言うと、

「思考（理性）」＝正解・不正解のように考えること。

こと。

「感情（本心）」＝思っていること・感じていること・やりたいこと・やりたくないこと。

「言葉」＝自分で発している言葉。

「行動」＝実際にやっている行動。

これらが互いにバラバラだから抱える必要のないモノを抱え込んでしまう。ということは、足並みを揃える方向が一緒であれば原因となるストレスを限りなく軽減でき、自分をコントロールできるってこと。

自分の中で未来に対して「こうしたい」「こうなりたい」「こうしたくない」「こうなりたくない」と心で感じているのであれば、やるべきことをしっかりと考え、これらに矛盾しない言葉を発し、行動をとることで本心で思っていることを実現できる。

とはいっても、言葉を発する前、行動に移す前にしなくてはいけないことがあるんよ。それは、**自分で筋とケジメをつけるようにすること。つまり、強い覚悟と強い決意であり、「決心」が最重要**なんだ。

そして、言葉や行動の結果が思わしくなかったとしてもプロセスとし、思わしくなかった原因を見つけるため、その原因をどうしたら良き結果に結び付けることができるのかを振り返り考えること。

そしてまたチャレンジする。101ページで言ったように、繰り返すことで望んでいることが達成できるんだよ。**これが「引き寄せ」**ってやつなんよ。

これらを踏まえて言うと、**理性を働かせ「こうあるべき」「こうすべき」ばかりで物事を判断してしまう癖が強いと「頭でっかち」**になる。

「こう思った」「こう感じている」――**感情ばかりで反応する癖が強いと「わがまま」**になりやすい。バランスが崩れている人は、よく「だって」「でも」を頻繁に使う。

どちらにしても自分本位。それじゃトラブルや問題を多く抱えてしまうことになるんよ。バランスが大事ってことをわかってくれたかな？

まぁそうはいっても、言いたいけど言わない。泣きたいけど泣かない。などと自分を我慢させているときは、場面や空気を読んで行動するよね。たとえば、立場や役割。親や子、上司や部下などで、心で感じている「言いたい」を我慢し、言わなかったり言えなかったりでストレスを抱える。

でもこれは、事を荒立てないようにしていることだから仕方のないストレス。

だってさ、ところ構わず言いたいことを言ったり、泣いたりしていたら、それはただの自分勝手。相手には相手の価値観、考え方があってオリジナルなんだから、自分で納得や理解できることは受け入れ、そうでなければ、右から左へ受け流せばいい。

つまり、受け流して境界線を自分の中でビシッと引いちゃえばストレスを軽くすることができる。

人の悩みとなる主な問題は3つ。「人間関係、健康、お金」と言ったよね。これらの過去に感じる後悔や不満、未来に感じる不安や恐怖を抱えることで悩みとなる。しかも連動したり同時に発生する。

子どものこと、親のこと、恋人やパートナー、友人のことだったり、仕事などの人付き合い。

病気やケガ、物やお金という悩みを抱える。

これらを荷物としたら、それぞれのモノを両手いっぱいに抱え込んで歩いているようなイメージ。**「抱えすぎ」で歩きやすいわけない**よね。

単純に荷物を軽くした方が歩きやすい。そうしたいのなら、荷物を厳選し一つひとつ別々に整理しなきゃいけない。荷物の価値に優先順位をつけて、どれから片付ければ楽になるのか整理するんだよ。

つまり、頭で考えることも心で感じることも限界があるんだから、**複雑にしないでシンプルに**して荷物を少なくしていく。荷物が多いと考えることが多くて頭はパンク、心もパンク、身体も悲鳴を上げパンクするんよ。

でもさ、子育て・仕事・遊び・勉強なんかを両立させるってなかなか難しいよなぁ。

これらを上手く両立させたいのなら、何時から何時までと時間で区切ったり、曜日、休日で区切ってメリハリをつけると自分時間を作りやすくなる。自分時間で心のコップに溜まっているストレスを減らすこともできる。

イメージ的に自分の中から吐き出すアウトプット。

つまり、ストレスを発散するってとても大事なんよ。一人の空間で叫んでもいいし、理解者に愚痴ったり相談してもいいね。もしくは趣味に没頭して楽しんでもいいし、ひたすら寝てもいい。共通して言えることは **「自分時間を持ち、自分のために使うこと」が自分を大切に扱うことに繋がる。**

154ページで言ってる「頑張らない」を実践すればできるはず。「自分を大切に扱う」ことがどんなに大事なのかわかってほしいな。

ここまできて言うのもなんだけど、君はもしかして「ストレスは悪いモノ」って決め付けてないか？

そうだとしたら間違いだよ。なぜなら、「ストレスは生きていくために大切で必要なモノ」だからね。ストレスも表裏一体なんだ。

実は**ストレスって、自分を苦しめるモノではなく、自分のため相手のために存在しているん**だ。

そう聞いてもさ、不安や恐怖、緊張、悲しみ、寂しさ、悔しさ、痛みなどいろいろあってイヤになることもあるだろう。

だけど、「不安、悔しさ」は、やる気、モチベーションの土台となり、「緊張」は、集中力、慎重さを生み、自分の能力以上の力を発揮する土台となる。

「悲しみ、寂しさ」を感じるからこそ、人の弱さを知り、温かさを知る。そして優しさを知るんだよ。

「痛み」を感じるからこそ、病気やケガに注意することができ健康でいられる。そして「恐怖」は、自分や子どもという大切な人、大事なモノを守る根源となる力なんだよ。だから、これらを感じ知りうるということは、人の気持ちをわかってあげられるってことにもなるんだ。

また、これらの弱さが強さになるからこそ、気持ちに張りを持たせ次なるチャレンジにも挑めるんだよ。だから**「ストレスは大切で必要なモノ」って考えを持つことが「ストレスに強くなる」**ってことになるんだよ。

ただし、いじめや虐待という暴力は、また違ったストレスだから有無を言わずにその場から全力で逃げろ。自分を守れ！　それから安心・安全な場に身を置き、対策を考えればいいからな。

ちょっと「桜の木」を見てごらん。

桜の木は春のぽかぽか陽気を感じ花を咲かせ満開になり、夏になると元気な緑の葉をまとっている。秋には黄色や赤の葉になり鮮やかな紅葉となり、冬に葉を落とし凍てつく厳しい寒さに耐え春の訪れを待っている。

そして、また春になり硬くなっていた蕾がゆっくりとほころび花開く。こんな風に何十年も何百年もそこに一生懸命に根を張り、ドンと構え四季折々で姿を変えている。まるで、人のよう。

春の桜のように、心がぽかぽかと感じ笑顔になることもあれば、夏の桜のように、堂々と胸を張り、元気な時もある。秋の桜のように、穏やかな時もあれば、切なさを感じる時もある。冬のように、厳しさを感じ辛さを抱え耐え忍ぶ時もある。順番こそ違えど、人の心は色とりどりの様子を描く。

冬の時期に春や夏のような姿を桜はしない。むしろ、できない。
人は頭で考え、心をコントロールできるけど、心に蓋をし、頭で考え姿を偽る……
そして、自分に嘘をつく……。

これって自然じゃない。だから余計に心は苦しくなる。

でも人は、**自分でコントロールできる。できないモノではない**。たとえ原因や現状が変わらなくても自分をコントロールできる。

人が自然となるのに必要な要素が3つある。

一つが考え方・やり方という知識を知ること。親と子、子育て、夫婦仲、恋愛、仕事などの人間関係、お金や健康などの全てについて、本やネット、成功者、専門家などが対処法を言っている。

この本もそうであって、**考え方ややり方を理解し把握することが大切なんだ。**

二つ目が、自分自身の考え方を変えること。

そしてもう一つが、覚悟と決意を持って心に素直な行動に移すことで自然になることができる。

自然になることで、君のこれからの人生のストーリーはキラキラ輝くようになることだろう。そして君という桜は満開になり、周りの桜も満開になるってもんだ。

もう、消せなくて戻せない過去に生きるな。「今、君が笑っている」、ただそれだけの日々が心を優しく満たし、それが明日になり未来となる。

このままジッとしてたら、きっと今までとなにひとつ変わらなくなっちまうぞ。

何度もチャレンジして失敗したっていいじゃんか。

その度に凹んでもいいじゃんか。

バカにされようが笑われようが、そんなこと気にすんな。何度もつまずき転んでも、何度も何度も立ち上がる奴の方が１００倍格好いいし、輝いている。

エピローグ

◆元建設屋の「がさつなオヤジ」、心理学を語る

俺は、工業高校出の元建設屋のオヤジ。
ずっと、娘を傷つける子育てをしてきた。それが事実。
それを理解した時、どんなに自分を責めただろうか。苦しかった……。
過去に戻れるのなら戻ってやり直したい。
だけど、それは不可能なこと。

ここまできて言うのもなんだが、「心理学は全て正解だ」なんて思ってない。

だってさ、心理学より一人ひとりの心の方が正解だろ？

俺はさまざまな心理学の「いいとこどり」をしただけ。勉強してきた中で、否定している部分もある。

バカはバカなりの解釈をしただけなんだ。だから、他の本とかと違う部分もある。もちろん間違っている解釈もあるだろうな。

それでも、自分を見直し変わることができている。昔からの友人には「変わってしまって気持ち悪い」と言われるほどにね。

「自分、自分」という人生から、相手を心から思いやれる人生になったから仕方がない。――まぁ、根っこの雑な根性論は変わってないんだけどね（笑）。

その変化の途中経過を、娘は間近で全部見てきている。だから一番の理解者は娘。娘から否定されていないことが、今の自信の根幹になっている。

シングルファーザーになっていろいろ迷惑をかけているけど、胸を張って「仲良し」と言える。お互いに笑顔でいられてる。

これって、今のところ「正解」なんだと思う。

究極の正解ではないかもしれない。だけど俺みたいな人間でも辿り着ける、一つの正解の形があると、自信を持って言える。

この本を読んでくれた人、「カウンセリングルームつきのあかり」に来てくれたクライエントに俺と同じように笑顔になってもらいたい。それがこの本の出版を決めた動機。

まぁ……もう少し正直に言うと、自分自身の影響力を強めたいがため、本の売り上げで稼ぎ、料金を下げてもっとカウンセリングを身近にしたいがため、このカウンセリングルームを守るため、というビジネスの動機もある。決して俺が贅沢したい訳じゃない。

過去には嘘をついて人を傷つけてきた。この場を借りて「申し訳ありませんでした」と心から謝りたい。

これからの人生では今まで以上に正直でありたいんだ。

この本の文体は、ほかの自己啓発書や心理学の本とはちょっと違うと思う。いや、見てもらえばわかるけど、ホームページは丁寧に書いてあるよ。俺だって丁寧に喋ることはできるんだ。

だけど本では、なるべく素の自分で書いてみた。カウンセリングなんかで「『自分らしく』って言ってるのに、なんか自分らしくないのは嫌だな」って思ったんだ。

読んでいて不快に感じる方がいたら、本当に申し訳ありませんでした。だけど普段の俺はこんな感じなんだ。許してください。

◆俺を支えてくれている人々へ——そして、娘に

この場をお借りして以下の人たちに感謝の意を述べさせて頂きます。

心理学の私の師匠、良きメンターであり友である心理学の申し子（笑）、ＮＬＰトレーナーの高橋知大。

マジ感謝！　今の俺がカウンセラーになれたのはあなたが技術や知識を惜しみなく

与えてくれたからです。
絶対的な安心を与えてくれたこと、本当に心からありがとう！　ただ守破離の「破」の本になっていることはご勘弁（笑）。まだまだ未熟な俺をこれからもよろしく頼みます。

そして、俺を拾ってくれたクローバー出版の桜井栄一さん、担当になって下さった田谷裕章さん、そして出版に携わってくれた方々。ありがとうございます。おかげさまで文才の欠片《かけら》もない私が本を出版することができました。心よりお礼申し上げます。

それから友人！　貴重なアドバイスや応援ありがとう。ブレてた俺がこうしていられることに感謝！

そして、親父、お袋！　あんたたちの教えは間違いだらけだったぞ（笑）。でも、こうして笑っていられるのも、産んでくれて育ててくれたから。だから俺は今存在してるんよ。二人は今も俺の心に存在している。本当にありがとな！

――そして、娘よ。

また怒られるかもしれんが、真面目に言わせてくれ。

お前には生まれてからずっと俺の身勝手で嫌な想いをさせてきた。本当にごめん。離婚していろいろ迷惑かけちゃってるのに協力してくれて助かってるよ。月の半分くらいお前の作ってくれる飯、お世辞抜きで美味い！　最高だ！

お前のその笑顔が俺の元気の源なんよ。

だからいつも俺も笑顔でいられる。

心から感謝してるよ。ありがとな！　まぁ〜、俺が死んだ時に感謝してくれっか心配だがな（笑）。それが俺にとっての究極の正解になるんだろうな。

今の俺があるのは、お前のおかげって、しみじみ想う。
お前がいなかったら、今、俺は素直に生きていなかったろうな……。

必然？　偶然？
そんなことどうでもいい。今、お前がいてくれることが真実だから。

これからもぶつかったりすれ違ったりするんだろう。
だけど、理屈じゃねぇ愛の絆みてぇなもんが繋がってりゃ大丈夫。

この世にたった一人の大切なお前という存在。俺は一生守り抜きたい。

肩を並べて一緒に歩み、やがて違う道を歩むんだろう。でも一緒にいることよりも、いつも心に想い合えていれば、それでいいんじゃねぇのかな。
人の記憶っていいかげんなもんで、いろいろ忘れちまうんだ。

だけど、この大切な想いは見失ったらいかんと思う。

俺と一緒に、愛に泣いて愛に笑って生きようや。
今の笑顔が未来の笑顔に繋がってくからよ。
そして、一つひとつの足跡がお前の思い出となって宝になるんだから。

お前が違う道をあえて選んだ時、辛く厳しいもんにぶつかるかもしれん。
でもな、そのぶつかったもんには、お前が今以上になろうとしてる証なんだ。
だから、悪いことじゃねぇんだよ。

大丈夫なんて強がることはするな。
作り笑いなんてしなくていい。
いたずらに自分を責めることはするんじゃねぇ。
重い荷物を背負って一人で歩くんじゃねぇぞ。

そんな時は俺を頼れ。
もし、一人になって考えたいならそうすればいい。
一人になりたいなら、なりゃいいよ。
ただ、心は一緒にいさせてくれよな。

お前に余計なアドバイスをしとく。
背伸びはするな。そのままの自分に胸を張れ。
そして、あせらずゆっくりマイペースを守れ。

俺から離れても構わない。
でも、今言ったことだけは決して忘れるな。
明日を見失わないために必要だからよ。
本当の愛を教えてくれたお礼だ。

かけがえのない存在のお前に、愛の証として贈る言葉だ。
重いかもしれんがな（笑）。
お前が想っていてくれるなら、それだけで俺は幸せだ。

俺の一生はそれだけでいい。
一生、大切に想う。

それが俺の生きる意義だからよ！
お前が選ぶ道を精一杯生きろ！
俺はずっと見守り応援する。

これが俺の人生のストーリーだ。

——いやはや、献辞の途中から、また娘あての私信を長々と書いてしまって申し訳ありません。

照れ隠しにこういうことを書いてしまうようなオヤジが、格闘の末に学んだ心理学を一生懸命に綴った本だ——ということが、実によくわかると思います。

……と、苦笑して誤魔化すしかないわ（笑）。

人生を賭けて挑んでいること、一冊の本を書くということ……予想以上の難事業で、ここまで書くために気力を使い果たしてしまいました。この本の売れ行きによっては、もしかしたらまた本を出すかもしれませんが、それはまだ見えない未来の話（笑）。

ご縁があったら、その本で——あるいは、また別の形で、お会いしましょう😁

改めて——最後に、俺に関わっている全ての人に感謝です。

本当に心からありがとう。

令和二年二月吉日

やまもとひろあき

「あせらず　ゆっくり　マイペース」

この言葉は《魔法の言葉》。
1日5回、口にしてみて。

君にとって、きっといいことがある。
「楽」の後に「楽しい」が待っているからさ！

努力は無駄になることはない。
自分の可能性を信じろ。

諦めるな。
どんなときも。

君にならできることがあり、
君にしかできないことがある。
君だからこそできることが必ずある。

俺は君を信じている。

装丁／横田和巳（光雅）
装丁写真／ ryoco okudaira
制作協力／杉山元康
校正協力／永森加寿子
編集・本文 design & DTP ／田谷裕章

〔著者略歴〕

「こころのサポーター」

やまもと ひろあき

株式会社つきのあかり 代表取締役
山本内装（内装仕上工事業）元代表
1976年生まれ　東京都出身
1 女の父　シングルファーザー

かけがえのないひとり娘の体調不良をきっかけに心理学を学び始め、全国の不登校児童者数、自殺者数に衝撃を受け、建設業を辞め心理カウンセラーになった変り種。

「子どもたちに笑顔を。そして大人たちにも笑顔を」を掲げ、「こころのくつろぎ場 カウンセリングルームつきのあかり」を立ち上げる。心理学カウンセリング・コーチングを用い、クライエントの悩み・問題をサポートしている。クライエントの良き理解者となり、精神的支柱を担うことで大きな信頼を得ている。ルームを利用したクライエントから「自然に笑顔になれるようになった！」「これからがワクワクするようになった！」など数多くの好評を博している。

現在、「紫微斗数占星術 命占術コンサルタント」でもあり、より身近なアドバイザーとしても活躍している。本書は処女作。「こころのトリセツ。」に関するメッセージや情報をホームページ、Instagram、ブログなどにて発信中。

・米国 NLP（TM）協会認定 NLP マスタープラクティショナー、NLP コーチ
・職業技能専門教育研究機構認定インナーチャイルドセラピー
・H.L.A ヒプノセラピスト
・紫微斗数占星術 命占術コンサルタント

こころのくつろぎ場 カウンセリングルームつきのあかり 公式ホームページ
https://tsukinoakari.co.jp/
https://www.tsukinoakari-counseling.com/
ブログ　https://tsukinoakari.co.jp/blog/
やまもとひろあき 公式 Instagram　@tsukinoakari.yamamoto

こころのトリセツ。

元建設屋のガテン系カウンセラーが教える自己肯定心理学

初版1刷発行 ● 2020年3月25日

著者

やまもと ひろあき

発行者

小田 実紀

発行所

株式会社Clover出版

〒162-0843 東京都新宿区市谷田町3-6 THE GATE ICHIGAYA 10階
Tel.03(6279)1912　Fax.03(6279)1913　http://cloverpub.jp

印刷所

日経印刷株式会社

ISBN978-4-908033-63-6　C0011